Sé el humano que tu gato necesita

ADRIÁN CONDE
@ADRIANCONDE.VET

Sé el humano que tu gato necesita

Cuida su salud, alimentación y bienestar

MIAU

Grijalbo

Papel certificado por el Forest Stewardship Council®

Primera edición: febrero de 2023

© 2023, Adrián Conde Montoya
© 2023, Penguin Random House Grupo Editorial, S.A.U.
Travessera de Gràcia, 47-49. 08021 Barcelona
Imágenes de Ramon Lanza

Printed in Spain – Impreso en España

ISBN: 978-84-253-6300-9
Depósito legal: B-22.414-2022

Compuesto en Fotocomposición gama, sl
Impreso en Gómez Aparicio, S.L.
Casarrubuelos, Madrid

GR 63009

A los gatos que han pasado por mi vida y que pasarán,
gracias por ayudarme a entenderos y hacer que ahora os ame

A mis padres, por apoyarme en mis decisiones,
aunque conllevaran remar a contracorriente
y permitirme equivocarme cuando así ha sido

A mis Animaloides, mi familia virtual,
sin ellos este libro no sería posible

Índice

Introducción

¡Hola! Permíteme que me presente, soy Adrián Conde, doble graduado en Veterinaria y Ciencia y Producción Animal. Mi intención a la hora de escribir este libro es transmitirte los conocimientos necesarios para que puedas dar una buena calidad de vida a tu gato.

La pregunta que suelen hacerme más a menudo cuando comento mi profesión es si siempre he querido ser veterinario, y mi respuesta es un rotundo sí, desde que tengo memoria. Los animales siempre me han gustado mucho, hasta el punto de que he aprovechado todos los veranos en el pueblo para casi compartir más tiempo con los animales que con las personas. No sé si alguna vez te has parado a pensar las cosas que se aprenden observándolos. Conforme fui creciendo, la idea de dedicarme al mundo animal se fue confirmando, y, con mucho esfuerzo y muchos cambios en mi vida, pude llegar a alcanzar mi sueño.

Cuando comencé a formarme en el sector animal, primero como adiestrador y auxiliar de veterinaria antes de empezar la carrera, me di cuenta de que había muchas personas que compartían su vida con su gato y que desconocían muchos aspectos básicos sobre el tipo de animal con el que convivían. Esto hizo plantearme de qué modo podía ayudar a familias con gato de una manera rápida y, a la vez, llegar a un gran número de estas. Y esto me llevó a las redes sociales. Hace aproximadamente unos cinco años que me dedico a la divulgación en redes sociales como @adrianconde.vet, donde comparto contenido para ayudar a que las familias que comparten su vida con un gato tengan las herramientas básicas necesarias para brindarle una buena calidad de vida y el máximo bienestar posible.

Este trabajo también me ha llevado a dar formaciones por toda España, a trabajar con empresas y marcas que buscan la manera de mejorar sus servicios y productos, a crear Mundo Animaloide con un equipo de veterinarias que ofrecen servicios en línea sobre nutrición y comportamiento dirigidos a cualquier destinatario del mundo y, también, a ayudar a muchas familias mediante una asistencia con el teléfono móvil. Y la verdad es que, después de cinco años, cuando leo los mensajes que aparecen en redes de personas que dicen lo mucho que les ha ayudado mi contenido para tratar correctamente a su gato, se me dibuja una sonrisa y se me alegra el corazón.

Y precisamente el objetivo de este libro es que tengas el contenido de Animaloides, mi comunidad en las redes sociales a mano y presentada de forma ordenada.

¿Cómo está organizado este libro?

Lo he dividido en tres partes, que se corresponden con los tres pilares básicos de la salud de un animal: **la salud física** propiamente dicha, donde encontramos las enfermedades, medicina preventiva y primeros auxilios; **la alimentación**, donde te hablaré de las diferentes formas de alimentarlo con sus respectivos pros y con-

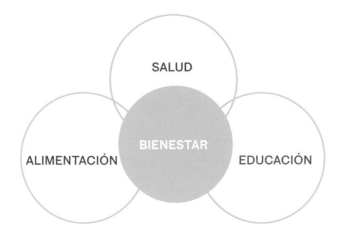

tras, y **la educación**, que es la salud mental de un ser vivo y es necesario saber sus necesidades como especie para tener un gato feliz y pleno. He seguido este orden, pero los tres aspectos de su salud son igualmente importantes y están relacionados. Si falla uno, fallan todos.

Encontrarás gráficos e ilustraciones para que la lectura te sea mucho más fácil y además te ayude a afianzar algunos conceptos. He querido también hacerte una introducción sobre la historia, etapas de vida y algunas partes del cuerpo del gato que creo que debes conocer.

¿A quién va dirigido el libro?

Si no tienes gato pero piensas tenerlo en un futuro; si un gato acaba de llegar a tu vida y no sabes por dónde empezar (es normal); si ya tienes uno pero te gusta estar informado y quieres aprender sobre su bienestar y salud; si te apasiona el mundo de los gatos, etc., este libro es para ti, y, en definitiva, para cualquier persona interesada en el mundo felino.

Te recomiendo que lo leas todo de cabo a rabo para que aproveches el contenido al máximo y relaciones aspectos de un tema con aspectos de otro; no obstante, también puedes leerlo por capítulos o módulos a modo de consulta rápida y certera.

Espero que el contenido del libro te sea útil y que puedas recurrir a él como tu guía de cabecera para consultarlo cada vez que lo precises.

Aquí empieza tu camino para ser el humano que tu gato necesita.

Capítulo 0

El gato. Qué tipo de animal tienes en casa

Historia y domesticación

Antes de empezar a explicarte cosas más prácticas o curiosas sobre tu gato, es importante que conozcas un poco más esta especie. Así que te resumiré la historia de tu compañero de cuatro patas, de dónde vienen, cuándo comenzaron a estar con nosotros, qué les diferencia de otros animales parecidos...

Los orígenes del gato no están del todo claros, ni los ancestros ni cuándo ocurrió la domesticación, y es debido en parte a que hay información escasa respecto a los registros fósiles que se han encontrado y la información que se ha podido extraer de estos. Por un lado, tenemos el *Proailurs lemanensis,* que data de 30 millones de años, y es el ancestro común de felinos extintos y de los felinos modernos. Los grandes felinos se remontan a hace 10 millones de años y el gato silvestre y actual (del género *Felis*) data de hace 3 millones de años.

Respecto a la domesticación, hay que diferenciar varios linajes. Por un lado, el linaje de Oriente Medio retrocede a alrededor de 10.000 a 12.000 años. El desarrollo de la agricultura pudo haber contribuido a la semidomesticación o a una relación mutuamente beneficiosa: el almacenamiento de granos atrajo a roedores que los humanos necesitaban controlar. A partir de ahí, se cree que el gato se extendió por Europa hace unos 6.000 años.

En el linaje de Egipto, por su parte, la domesticación pudo haber ocurrido alrededor del año 3000 a.C., cuando los gatos adquirieron una importancia religiosa significativa. Según otras fuentes, como las que menciona el grupo GEMFE[1] (grupo de veterinarios especialistas en medicina felina), este linaje sería el origen de la expansión de dicho animal por el mar Mediterráneo, lo que explica que la propagación de los gatos en Europa fuera un proceso lento, básicamente debido a la invasión romana de Egipto y la posterior romanización de otros territorios (*c.* 2000-1000 a.C.).

Hay que entender que el gato es un cazador solitario y esto condiciona muchos aspectos relacionados con su comportamiento y lo que necesita cuando vive en un hogar familiar. Un gato en estado salvaje se estima que hace unas 10-20 cazas al día (aunque es cierto que la mitad de estas no terminan consiguiendo a la presa). A pesar de ser un cazador solitario, es capaz de establecer grupos sociales. Estos grupos, cuando viven en libertad, son, por una parte, de hembras con sus respectivas crías, y entre ellas son capaces de sacar adelante a las camadas de unas y otras y, por otra, los machos, cuyo territorio suele ser más amplio y con más recursos.

Definición y etapas

Si buscas la definición de «gato» en el Diccionario de la Real Academia de la Lengua Española (DRAE), verás que es muy breve, pero te proporciona la información fundamental del animal que tienes en casa.

Según el DRAE, un gato es un mamífero carnívoro de la familia de los félidos, digitígrado, doméstico, de unos cinco decímetros de largo desde la cabeza hasta el arranque de la cola, que por sí sola mide dos decímetros aproximadamente. Tiene cabeza redonda, lengua muy áspera, patas cortas y pelaje espeso, suave, de color blanco, gris, pardo, rojizo o negro. Es muy útil en las casas como cazador de ratones.

Una vez tenemos la definición podemos entrar más en detalles. ¿Hay razas de gatos? Pues sí, y aunque es cierto que en la mayoría de los hogares está la «raza» conocida como «común europea», existen varias razas de gatos, más o menos grandes, con más o menos pelos y con sus características, aunque es menos frecuente el hecho de encontrar diferentes razas en comparación con el perro. Para catalogarlo aquí de una forma muy sencilla dentro de la definición, englobaremos en dos categorías de peso y te pongo algún ejemplo:

TIPO DE RAZA	RANGO DE PESO	EJEMPLOS
medianas (pequeñas según se mire)	hasta los 6 kg	común europeo, angora, azul ruso, shpynx
grandes	más de 6 kg	maine coon, bosque noruega, bengalí

Etapas según la edad

Otro dato importante para definir a un gato son las etapas de su vida y aquí el concepto raza, aunque es importante, ofrece menos variedad que en el caso de los perros; como norma general cuanto más grande es la raza, la esperanza de vida es menor, por eso es complicado establecer unos rangos de tiempo de forma generalizada. Por ejemplo, a un gato común europeo lo consideramos adulto alrededor del año. Las etapas de vida de nuestro gato suponen diferencias respecto a su salud y necesidades. La esperanza de vida va a diferenciarse ya no solo entre razas, sino sobre todo si hablamos de un gato *indoor* (está siempre dentro del hogar) o un gato *outdoor* (tiene acceso al exterior de forma libre), ya que principalmente en el exterior también se encontrarán más peligros: otros animales, coches, etc. La media de vida de un gato común europeo *indoor* se puede situar en torno a los 14-20 años.

ETAPA	TIEMPO
cachorro	desde el nacimiento hasta la madurez sexual
joven/júnior	desde la madurez reproductiva hasta el final del crecimiento
adulto	finaliza el crecimiento, madurez social
maduro	de 50 a 75 % de su esperanza de vida
mayor/sénior	25 % restante de esperanza de vida
geriátrico	más allá de la esperanza de vida

En el apartado de comportamiento te explicaré un poco más sobre las etapas del gato desde un punto de vista conductual, para que entiendas también qué sucesos pasan en referencia a su comportamiento según va creciendo y cómo tú, de forma proactiva puedes interceder en ellos para que tu gato sea feliz.

Partes del cuerpo

Es muy importante que conozcas las partes del cuerpo de tu gato y que sepas cómo funcionan para que tengas más información que te ayudará a entender algunas situaciones y a resolver tus dudas.

Podríamos hacer un recorrido anatómico y fisiológico muy exhaustivo por el cuerpo de tu gato y al hacerlo descubriríamos cosas muy interesantes, pero mi intención con este libro es que tengas una idea general de los conceptos más importantes. Por eso para esta sección me he basado en los temas que más dudas generan a los tutores cuando tienen un gato y que más me preguntan.

Dientes

Los gatos nacen sin dientes y estos empiezan a salir alrededor de la tercera semana de vida. A las 8 semanas ya tienen todos los dientes de leche que posteriormente se irán cayendo en torno a los 3-4 meses y a los 6-7 meses ya tendrán su dentadura permanente. Esto sorprende a algunas personas. ¡Sí, a los gatos también se les caen los dientes! En el capítulo de medicina preventiva hablaré de cómo hacer un cuidado correcto de la dentadura, ya que es un punto vital de la salud de tu gato. Aquí te dejo un cuadro resumen de cuándo salen los dientes:

TIPO DE DIENTE	DENTADURA DE LECHE	DENTADURA PERMANENTE
Incisivos	2-3 semanas	3-4 meses
Caninos	3-4 semanas	4 o 5 meses
Premolares	3-5 semanas	4 o 6 meses
Molares	-	4-5 meses

Ojos

Los gatos tienen un campo de visión de 200° (los humanos, de 180°), por lo que pueden ver más cosas, y sí, ven colores, a diferencia de lo que mucha gente piensa. La visión de los colores en el ojo está a cargo de los conos, que son un tipo de células especializadas llamadas células fotorreceptoras. A diferencia de los humanos que tenemos tres, los gatos tienen dos, de ahí que su gama cromática sea un poco más reducida. No distinguen bien entre el rojo y el verde y sí distinguen muy bien entre azules y amarillos. Esto es un dato interesante, ya que, si pones una pelota roja en un césped verde, si el animal no se está guiando por el olfato y además si hay poca luz, el color no le llamará la atención, puesto que quedará bastante camuflado.

Las pupilas de los gatos se dilatan y contraen con la luz con normalidad. Si ves que una se dilata o contrae más que la otra o hay diferencias entre ellas, puede ser un aviso para que acudas a un centro veterinario. De hecho, en el caso del gato es muy característico, con exceso de luz su pupila está muy contraída y adquiere forma de una raya vertical (lo que conocemos como ojos del gato).

¿Te has fijado alguna vez en que cuando de noche les da la luz, los ojos se les ponen brillantes? Esto es debido al *Tapetum lucidum* (que es una capa de tejido situada en la parte posterior del ojo), que les permite maximizar la luz disponible en ambientes con escasa luminosidad. Esta capa también la tienen otros animales como los perros, vacas, caballos y otros vertebrados. Decir que ven muy bien en la oscuridad es una creencia popular y no es del todo cierto, ya que si está del todo oscuro no ven nada, pero sí son capaces de aprovechar mucho mejor la luz disponible en comparación con nosotros y con los perros, y poseen en la retina más células sensibles a la luz.

Bigotes

Los bigotes son especialmente importantes en el caso de los gatos, ya que tienen terminaciones nerviosas muy sensibles que cumplen diversas funciones, aunque su principal es la sensorial. Le ayudan a agudizar más otros sentidos como la vista, al complementar información, medir distancias, controlar a sus presas y para orientarse mejor en la oscuridad. Podríamos decir que los bigotes son casi como otro sentido para relacionarse con su entorno y sentir vibraciones y todo lo que le rodea. Además, a ti te darán información en cuanto a su estado de ánimo. Es importante no cortarles los bigotes, ya que hacen esa función como de radar y podrían desorientarse y asustarse, y además se renuevan por sí mismos, así que no te sorprendas si te encuentras restos de bigotes por la casa.

Orejas

Por suerte, no ha habido la mala costumbre de cortarles las orejas a los gatos, como sí ha ocurrido con los perros. Existen algunas diferencias en cuanto a su tamaño y posición, pero las de la mayoría de los gatos son bastante parecidas. Su principal característica es que albergan el sentido del oído, aunque también cumplen otras funciones, como en el caso de los bigotes: ubicarse mejor y controlar mejor los espacios dónde se mueven. Tenga las orejas que tenga, es fundamental que siempre estén limpias y secas, ya que son una parte importante para su bienestar y comunicación.

Aparato reproductor del macho

Los gatos machos alcanzan la pubertad dependiendo del tamaño y de la raza, pero como media podríamos decir que en torno a los 6-8 meses ya son sexualmente activos y que, por tanto, se pueden dar comportamientos del tipo marcaje con orina o incluso escaparse de casa si detectan alguna hembra en celo. El descenso de los testículos se produce normalmente antes del destete. Si a nuestro gato no le acaban de descender uno o los dos testículos, podemos estar ante un caso de criptorquidia (ausencia de uno o ambos testículos en el escroto) y debe revisarlo el veterinario, ya que los genitales que se encuentran internos (cavidad abdominal, zona inguinal, etc.) están sometidos, entre otras cosas, a un aumento de temperatura, por lo que la probabilidad de volverse tumorales es mayor.

El pene del gato está escondido en el prepucio y sale para la eyaculación. Una característica de su miembro es que tiene unas espículas (como pinchitos) en el glande que al realizar la monta estimularán la ovulación de la hembra (sí, por eso las gatas suelen gritar, porque duele). Otra característica es que tienen un hueso en el pene, que se puede fracturar como cualquier otro hueso del cuerpo.

Aparato reproductor de la hembra

Las hembras de las razas más grandes alcanzan la pubertad más tarde, debido a que su desarrollo es un poco más lento que en las gatas de razas medianas o pequeñas. No hay que confundir pubertad (aptitud para ovular) con nubilidad (aptitud para llevar a término una gestación y parto). Mi recomendación es que no hagas criar a tu gata por tu cuenta. Hay aspectos tanto a nivel físico como de enfermedades para tener en cuenta a la hora de cruzar un animal, por no decir que un parto y gestación pueden conllevar problemas, además de un gasto de dinero.

Las gatas son poliéstricas estacionales. Esto quiere decir que van a tener varios celos durante la estación reproductiva. Las hembras, sobre todo las que viven en libertad, se ven muy influenciadas por la luz para iniciar su estación reproductiva, por lo que estarán en celo cuando hay unas 12 horas de luz natural (esto es más o menos de finales de invierno a principios de verano); en las hembras que viven dentro de casa, esta estacionalidad marcada por la luz natural en muchos casos desaparece, ya que las luces están controladas artificialmente. Normalmente alcanzan la pubertad (saldrán en celo por primera vez) entre los 6 y los 9 meses. La gata es de ovulación inducida, por eso entrará en celos hasta que un macho la monte.

Te explico brevemente las fases del ciclo estral para que comprendas los periodos en los cuales, si tienes un descuido, puede acabar en gestación:

- **Fase 1. Proestro** (1-3 días): se muestra más afectuosa (o agresiva) con los tutores, maúlla más y es más receptiva al contacto con machos.
- **Fase 2. Estro** (7 días de media): aumentan considerablemente los maullidos, y verás que pone la cola hacia un lado con la intención de que la monten. En esta fase aceptará la monta del macho.
- **Fase 3. Interestro** (8-15 días): es el tiempo que va a pasar sin que haya actividad sexual entre un celo y el siguiente. En el caso de que la haya montado un macho, habrá ovulado, pero si no ha quedado cubierta entrará en fase diestro (45 días).
- **Fase 4. Anestro** (2-4 meses): es la parte del ciclo en la que «no hay ciclo», es decir, no hay actividad ovárica.

SECUENCIA DEL CICLO MENSTRUAL EN GATA

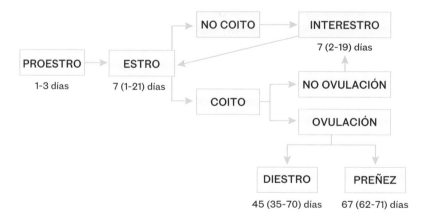

Uñas

Quiero hacer especial hincapié en las uñas de los gatos, debido a que, a diferencia de las orejas, la desungulación (amputación de la primera falange y, por tanto, no tener uñas) ha sido una práctica muy extendida hasta hace algunos años, y hay países en los que se sigue practicando. Se pueden cortar las uñas, aunque tenemos que tener rascadores (de los que hablaremos en el apartado de comportamiento) para afilarlas, ya que el recambio de las uñas es como el mecanismo de una cebolla. En el caso de que sea necesario, sí se pueden cortar un poco, pero esta práctica es diferente y no produce dolor, contrariamente a la desungulación, que es una amputación y una forma de maltrato animal por mucho que se realice en una clínica veterinaria.

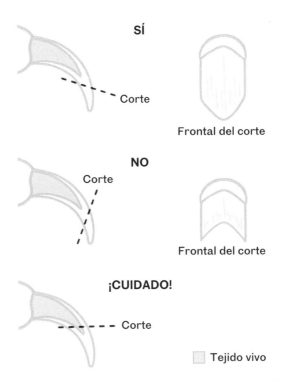

SÍ

Corte

Frontal del corte

NO

Corte

Frontal del corte

¡CUIDADO!

Corte

Tejido vivo

El gato. Qué tipo de animal tienes en casa

21

En esta parte aprenderás cómo puedes cuidar de la salud de tu gato de forma preventiva, qué síntomas te indican que hay algún problema y nociones básicas sobre primeros auxilios para que sepas cómo proceder ante ciertas situaciones.

Conocerás además aspectos importantes de la salud física de tu gato, como la vacunación, los parásitos externos e internos, los primeros auxilios y las enfermedades más frecuentes, entre otras cosas. No pretendo que sea un máster de veterinaria, pero sí que tengas los conocimientos y unas herramientas básicas para que puedas detectar cuándo algo no va bien.

PRIMERA PARTE

Salud

Capítulo 1

Enfermedades más frecuentes

Como tutores es importante saber cuáles son las enfermedades que pueden padecer nuestros gatos a lo largo de su vida. Hoy en día muchas de ellas las prevenimos sin problemas con una correcta vacunación, pero aun así está bien que conozcas en qué consisten. Hay muchas, pero aquí quiero explicarte las más importantes y algunas de las que pueden aparecer de forma frecuente.

Peritonitis infecciosa felina (PIF)

Está causada por un virus (coronavirus felino) y es una infección muy frecuente que provoca diarreas. El problema en este caso sucede cuando el virus muta y produce la enfermedad de PIF como tal, aunque es raro que ocurra esta mutación en el interior de un gato infectado. La infección se adquiere mediante heces en el ambiente de un gato infectado y otro gato lo ingiere al haber estado en contacto en esas zonas por la alimentación o el acicalamiento. El virus es mortal en el caso de que el gato desarrolle PIF, por lo que el tratamiento consiste en mitigar los síntomas (no se cura). Sí existe una vacuna en algunos países (España, entre ellos), pero normalmente no se aplica, puesto que a partir de la edad que se debería de poner (16 semanas), la mayoría de los gatos ya se encuentran infectados por coronavirus sin revertir problemas ni gravedad. Sabiendo que la transmisión es a través del ambiente con las heces la prevención y el control de esto es muy importante:

- Separa bandejas de comederos y bebederos siempre (esto también por motivo conductual).
- Mantén los areneros limpios.
- Cepilla a tu gato a diario (sobre todo si es de una raza de pelo largo) para evitar que con el acicalamiento aumente la probabilidad de infección.
- Evita superpoblación de gatos en el hogar.

Leishmaniasis

Quizá has oído hablar de la leishmaniasis en perros, pero los gatos también pueden contraerla. La mayoría de los gatos son *indoor*, así que el riesgo de contagiarse es mucho menor en comparación con los perros, que salen al exterior o incluso en muchas ocasiones duermen fuera del hogar, pero esto no hace que tengamos que descuidar el asunto. Es transmitida por un parásito (protozoo) que se encuentra en el flebotomo (lo encontrarás en el capítulo 2 de «Medicina preventiva»). Esta enfermedad afecta al sistema inmunitario del animal y tiene muchas posibles afectaciones y síntomas en función de la presentación y del tiempo que haga de la infección. Algunos síntomas son:

- Forma cutánea: dermatitis nodular (como bultos en la piel) en zonas de la cabeza, cojinetes, aunque puede aparecer en cualquier parte. Zonas alopécicas (sin pelo), dermatitis erosivo-ulcerativa (heridas más abiertas y visibles).
- Forma ocular: se presenta como conjuntivitis o blefaritis (inflamación párpados).
- Forma sistémica: es menos frecuente en el caso de los gatos y provoca lesiones en órganos como el bazo, el riñón o hígado. Anorexia.

→ *Prevención: antiparasitarios como acción repelente. En el caso de gatos esto es más difícil, ya que muchos principios activos usados en la especie canina resultan tóxicos para ellos. Los collares con flumetrina son hasta el momento los únicos aprobados para gatos y que tienen acción frente al flebótomo.*

Virus de la leucemia felina (FeLV)

Es un virus que afecta al sistema inmunitario de los gatos; de hecho, su efecto más común es la inmunosupresión, por lo que animales que están permanentemente infectados pueden acabar desarrollando problemas de salud como cáncer y anemia. Además, al tener un sistema inmunitario debilitado hace que sea más fácil que padezcan otras infecciones secundarias. La transmisión es mediante la saliva, es decir, el hecho de acicalarse y compartir bebederos y comederos es la causa principal de contagio. ¿Cómo puedes saber que tu gato tiene este virus? La sintomatología no es muy específica, pero algunos síntomas son:

- fiebre
- letargia
- pérdida de apetito
- pérdida de peso
- problemas respiratorios, intestinales y de piel

Para los virus no hay tratamiento como tal. Puedes tratar los síntomas y apoyar al gato en los problemas específicos que se puedan derivar, como cáncer o anemia, entre otros. Es muy importante diagnosticarlo a tiempo (como en la mayoría de las enfermedades) para poder tratar los síntomas y prevenir infecciones secundarias.

La prevención es mediante la vacunación. Se recomienda vacunarlo en el caso de que el gato tenga acceso al exterior o esté en contacto con gatos potencialmente infectados, a fin de prevenir que esos gatos que tienen más riesgo de estar expuestos al virus lleguen a estar infectados de forma permanente. Antes de la vacunación hay que realizar test sanguíneos para poder comprobar que el animal es negativo de FeLV (la vacuna no cubre un 100 %), pues es la manera de saberlo y no el hecho de que se haya vacunado anteriormente.

En el caso de tener en casa un gato positivo de FeLV habrá que minimizar el contacto con los otros gatos que no lo son (recordemos que se transmite principalmente vía saliva) y hablar con el veterinario para que nos explique qué medidas debemos tomar.

→ *Prevención: vacuna*

Virus de inmunodeficiencia felina (FIV)

Junto con el FeLV, es uno de los dos virus más importantes entre los gatos. Es especialmente relevante en gatos de vida libre; para entendernos, sería algo similar al sida en los humanos (VIH y FIV son virus específicos de la especie, a pesar de sus similitudes, pero no hay que alarmarse, pues no se transmite de gatos a humanos y viceversa). El FIV afecta al sistema inmunológico del gato destruyendo o dañando sus células, por lo que al final deteriora su sistema inmune. Al igual que con el FeLV, el hecho de afectar a este sistema provoca que sea más fácil que estos gatos enfermen de forma secundaria por otras causas. Se transmite principalmente por peleas a través del mordisco. Machos sin castrar, gatos con acceso al exterior y callejeros son más susceptibles de verse involucrados en peleas con otros gatos que podrían estar infectados. Este virus tampoco presenta síntomas específicos y estos pasan por diversas fases, pero algunos son:

- fiebre
- ganglios inflamados
- diarrea
- pérdida de peso
- inapetencia

- gingivitis (encías inflamadas)
- rinitis (inflamación del interior de la nariz)
- conjuntivitis

No existe tratamiento específico para el virus, solo para los síntomas y procuraremos que el gato tenga buena calidad de vida. Para su prevención solo existe una vacuna que no está disponible en España, aunque de momento no hay suficientes datos sobre su eficacia.

→ *Prevención: control de acceso al exterior para minimizar el riesgo de peleas.*

Gripe felina: herpesvirus felino (FHV) y calicivirus felino (FCV)

Lo que provocan estos virus es lo que se puede denominar gripe felina. Esta es bastante frecuente y puede llegar a ser crónica. Es más habitual en ambientes donde hay muchos gatos y especialmente sensible en gatitos, gatos mayores y gatos inmunodeprimidos. De hecho, muchos gatos bebés recogidos de la calle tienen los ojos enfermos y en muchas ocasiones es porque presentan alguno de estos virus. El contagio, como cualquier gripe, es principalmente a través del contacto directo entre un gato infectado y uno sano, aunque también puede producirse a través de fómites (ropa, comederos, objetos). La sintomatología varía mucho en función de si padecen solo uno de los virus o ambos, pero algunos síntomas son:

- úlceras en la boca
- estornudos
- descarga nasal
- descarga ocular
- conjuntivitis
- fiebre
- pérdida de apetito

Lo bueno es que a pesar de que es frecuente y que el trata-miento, al ser un virus, es el de soporte de los síntomas, muchos gatos suelen pasar la enfermedad sin un pronóstico o desenlace grave.

La prevención es mediante la vacunación. Hay disponibles va-cunas para FHV y para FCV; aunque no otorgará una efectividad del 100 %, un correcto calendario vacunal minimiza mucho el pa-decer gripe felina. Y recuerda: un ambiente limpio siempre nos asegura que haya menos microorganismos en el entorno.

→ *Prevención: vacuna*

Panleucopenia felina (FPV)

Es también conocida como parvovirus felino y es un virus que afecta al sistema digestivo. Además, es peligroso en hogares don-de hay más de un gato, en protectoras o sitios con muchos gatos, porque es un virus muy resistente en el ambiente y puede perma-necer mucho tiempo (si hemos tenido un caso, hay que desinfectar bien todo). Se puede infectar a través de contacto directo con he-ces infectadas (oro fecal), pero también de objetos infectados (como he dicho es muy resistente en el ambiente). ¿Qué síntomas puede tener un gato que tiene FPV?

- fiebre
- falta de apetito
- depresión
- vómitos
- diarrea con sangre

Al tratarse de un virus no hay tratamiento específico, por lo que el tratamiento es de soporte y en muchos casos es necesa-rio que el gato quede hospitalizado. Hay vacuna y es efectiva, así que se puede prevenir fácilmente con su correcto calendario vacunal.

→ *Prevención: vacuna*

Síndrome de disfunción cognitva (SDC)

Es un trastorno neurodegenerativo que se caracteriza por un deterioro cognitivo. Para que se entienda fácilmente, es algo parecido al Alzheimer en humanos. Debido al aumento de la esperanza de vida, junto a otros factores, se ve cada vez más en los gatos séniores. Aunque el SDC está menos estudiado en los gatos que en los perros (como casi todo), se estima que afecta a un 35 % de los gatos de más de 10 años, y llega incluso al 50 % de los de más de 15 años.[1,2] Hemos de tener en cuenta que es un problema infradiagnosticado, ya que actualmente hay pocos recursos para llegar a un diagnóstico del SDC y se determina por exclusión de otros problemas.

Aunque la respuesta a este deterioro es variable e individual, las siglas VISHDAAL pueden ayudarte a entender y detectar sus características más importantes.

V	Vocalizaciones excesivas y sobre todo de noche.
I	Interacciones sociales: más irritable, miedoso, agresivo. Menos interés por el afecto que antes, no saluda cuando los tutores llegan a casa y antes sí lo hacía.
S	Sueño: cambian los ciclos, está inquieto y no duerme por las noches como antes, duerme menos y maúlla durante la noche.
H	Higiene: hace sus necesidades fuera de la bandeja.
D	Desorientación: le cuesta esquivar objetos, reconocer a familiares y animales conocidos, se pierde, no presta tanta atención a cosas visuales o auditivas, tiene la mirada perdida.
A	Actividad: pierde interés por explorar o jugar, deambula y camina sin dirección aparente. Se pueden dar comportamientos repetitivos.
A	Ansiedad: vocaliza más, le genera ansiedad quedarse solo, miedo a las cosas nuevas, miedo ante ruidos y señales.
L	*Learning* (aprender): indica la disminución para llevar a cabo órdenes, le cuesta aprender cosas nuevas.

→ *Prevención: este síndrome actualmente no tiene cura y el tratamiento consiste en mejorar la calidad de vida del gato. Es importante enriquecer el ambiente de la forma adecuada (hablaremos de ello en la parte de comportamiento) y adaptar los cambios que sean necesarios para facilitarle la situación, por ejemplo:*

- Poner bandejas más grandes para que le sea fácil hacer sus necesidades dentro.
- Proporcionar horas de luz y oscuridad siguiendo el ciclo natural: podemos dejar alguna luz de baja intensidad de noche para algunos animales que se desorienten.
- Ser predecibles y minimizar los cambios de rutinas en el hogar.
- Hacer masajes relajantes antes de dormir para facilitar el sueño.

A nivel nutricional pueden ayudar algunos nutracéuticos (productos en los que se fusionan la nutrición y el efecto farmacéutico o terapéutico, pero hay pocos estudios al respecto. Para la mejora de la función cognitiva podemos incorporar aceite de pescado, antioxidantes (que protegen de los radicales libres) y arginina, vitaminas del grupo B, y en la alimentación incluir triglicéridos de cadena media que le proporcionan energía para el cerebro.

Y, sobre todo y muy importante, la prevención en este caso es hacer trabajar su cerebro, es decir, hacerle realizar trabajos cognitivos de forma regular. Esto no impedirá que el síndrome se desarrolle, pero en caso de que este se manifieste en la etapa sénior, sí hará que la progresión de la enfermedad sea más lenta.

Síndrome del gato paracaidista

Este síndrome se usa para denominar los casos de gatos que se precipitan desde una ventana o terraza hacia el vacío. Aunque parezca que no es frecuente, sí lo es si no se aplican las medidas de protección necesarias; de hecho, en veterinaria tenemos un dicho: «gato que no se ha caído se va a caer». No hay una intención real de tirarse, pero es relativamente fácil que intentando cazar, se resbalen de la ventana. El cuadro de lesiones que se puede ver en estos gatos es muy variable. En algunos casos no pasa nada, pero en muchos tendremos como mínimo una fractura en la mandíbula y el paladar debido al rebote en el suelo, y también puede afectar a otras estructuras, como rotura de vejiga, lesiones pulmonares, fracturas varias y, a veces, incluso el gato directamente muere. Hay ocasiones en las que el gato sale asustado después de la caída y no solo acaba herido, sino también perdido, y el pronóstico en estos casos es malo, porque no se le puede tratar. Lo positivo de este síndrome es que es evitable:

- No dejes acceso a balcones y ventanas abiertos y menos sin supervisión.
- Protege ventanas y balcones con redes (hoy en día tienes en internet muchos tutoriales e incluso empresas que se dedican a este tipo de protecciones y se adaptan al presupuesto que tengas).

Y no pienses que el hecho de que se haya caído una vez hará que «aprenda» y no se caiga más. Es algo que pasa y vuelve a pasar, porque en la mayoría de los casos es un descuido el que provoca la caída. No hay diferencias en cuanto a raza y sexo, pero sí parece ser que animales jóvenes no castrados se caen más, en principio debido a que tienen más interés por salir al exterior, sobre todo si hay gatas en celo.

→ *Prevención: proteger ventanas y balcones*

Acné felino

Los gatos pueden tener acné, aunque más bien es lo que conocemos como puntos negros, en la zona de la barbilla principalmente. Se debe a una sobreactividad de las glándulas sebáceas de la barbilla que causan grasa y pelaje excesivo. Esto a su vez tiene como resultado un exceso de material sebáceo que, junto a la producción de queratina de los folículos, hace que aparezcan esos puntos negros. No lo tienen todos los gatos, pero sí muchos. Es importante que lo sepas para detectar si es necesario o no acudir al veterinario, pues en algunos casos se acaba produciendo una infección en la zona y facilitando que ataquen otros microorganismos como hongos. En ocasiones incluso pueden necesitar tratamiento con antibióticos. ¿Qué puedes hacer para prevenirlo?

- Prioriza si puedes darle comida «de verdad» (evita ultraprocesados como el pienso).
- Mantén su barbilla limpia.
- Utiliza cuencos de cerámica o acero inoxidable mejor que de plástico.
- Para casos leves usa discos con clorhexidina para limpiar la zona.

A continuación, te hablaré de otros problemas de la salud de los gatos menos graves pero frecuentes:

Otitis

La otitis es la inflamación del canal auditivo. En función de la profundidad de esta inflamación podemos hablar de otitis externa (la más común), media o interna. Obviamente, la más profunda, o interna, tiene más riesgo de afectar estructuras importantes, y producirse una perforación o afectación del tímpano. Las causas de las otitis pueden ser varias (ácaros, cuerpos extraños, infecciones), pero algunos síntomas generales que te ayudarán a detectarlas son:

- Tiene secreciones por el canal auditivo.
- Sacude la cabeza constantemente.
- Se frota la cabeza o se rasca la oreja y, a veces, la cabeza.
- Mal olor (si hay infección).
- Ladea de cabeza.
- Exceso de cera.
- Pérdida de equilibrio (si hay afectación del tímpano).

Es importante acudir al veterinario si tiene alguno de estos síntomas para que verifique la otitis y prescriba un tratamiento lo antes posible, y así evitarás que la enfermedad progrese y aumente su gravedad. En casa no puedes hacer nada; sobre todo, evita introducir bastoncillos y objetos para la limpieza del canal auditivo, ya que puedes provocarle más daños que beneficios.

Conjuntivitis

Es una inflamación ocular que puede tener muchas y diversas causas (vírica, bacteriana, alérgica, seca...). ¿Qué notaremos en nuestro animal que nos haga sospechar que tiene conjuntivitis?

- ojos llorosos
- más legañas o de color más verdoso
- lagrimeo
- ojos rojos
- inflamación de los párpados

En caso de que tenga conjuntivitis, no le pongas colirio si tienes en casa de otra ocasión o de uso humano. Es un error muy común que se hace sin mala intención, pero si le pones colirio a tu gato sin consultar con el veterinario puede tener un mal desenlace, porque la mayoría de los colirios usados para tratar conjuntivitis frecuentes no se pueden aplicar si hay una úlcera corneal (una herida en la córnea). Esto es lo primero que descartará el veterinario antes de recetar un tratamiento. Es muy importante que seas consciente de que puedes dejarle sin ojo por querer hacer una buena acción al ponerle un colirio por tu cuenta sin consultar antes con el veterinario.

Gastroenteritis

Los procesos gastrointestinales son un mundo muy amplio y de causas muy variables. Aquí me refiero a una gastroenteritis pasajera debida a algo que no le ha sentado bien. En estos casos debemos actuar con nuestro gato como lo haríamos con nosotros; aunque parezca que no es nada, puede tratarse de algo más serio.

Lo ideal es que el animal no tome nada sólido al menos durante medio día, pero es importante que tenga agua a su disposición siempre. Pasado este día introduciremos una dieta blanda cocida de fácil asimilación, como pollo o pavo con calabaza o zanahoria (o también puedes usar la receta de la sopa de moro que tienes en mi canal de YouTube: es una sopa o puré de zanahoria que va genial), y progresivamente, a lo largo de los siguientes días, iremos recuperando su alimentación habitual. Seguir este proceso en su alimentación es lo recomendable cuando algo le ha sentado mal. Deberías ver mejoras pasado un día, pero si no es así o las heces son peores, o si tienes dudas, acude al veterinario.

Bolas de pelo

Al contrario de lo que se piensa, no es normal que un gato esté frecuentemente vomitando bolas de pelo. Los vómitos causados por bolas de pelo son algo anecdótico a lo largo del año, y será especialmente importante en gatos de pelo largo. Ya sabes que los gatos se acicalan mucho, por lo que es cierto que ingieren pelos, pero con una correcta prevención no dan problemas. ¿Cómo puedes ayudarle con este tema?

- Introducir huevo crudo en su alimentación facilita el tránsito de esos pelos y su expulsión.
- La hierba gatera, por su contenido en fibra, estimula el tránsito gastrointestinal.
- Cepillarle es el punto de prevención más importante. Si la rutina de cepillado es frecuente y positiva, todo son ventajas para el gato.
- El uso de malta está demasiado extendido y no es que sea muy saludable para el gato. Estas pastas son a base de azúcares, así que debería de buscarse la mejor opción y que el uso sea muy muy puntual.

Capítulo 2

Medicina preventiva

La medicina preventiva salva vidas y esto es muy importante. Pero esta debe hacerse correctamente: no consiste en dar fármacos o aplicar vacunas porque sí, sino que hay que hacerlo con un sentido y justificación.

Dada mi visión de la medicina veterinaria integrativa, siempre he intentado formarme e informarme sobre tratamientos menos invasivos. Hoy en día muchos organismos oficiales de veterinaria ya plantean protocolos vacunales y antiparasitarios como los que te explico en este capítulo.

Hacer las cosas bien supone muchas veces un coste extra; es más que dar una pastilla o aplicar una vacuna. Pero es como deberían llevarse a cabo los protocolos para ofrecer a nuestros gatos el máximo nivel de salud y bienestar.

Parásitos

Los protocolos antiparasitarios siempre deben ser individualizados y adaptados a cada animal para asegurarnos de que estamos actuando contra los parásitos correctos y no lo estamos sobremedicando (lo que supone un problema para su salud y crea resistencias). Por eso no tiene sentido que te hable de protocolos antiparasitarios en este libro, ya que unos servirán para un gato, pero no para otro. Los parásitos pueden ser tanto externos como internos. Te explico a continuación los más frecuentes y qué síntomas pueden ocasionar en tu gato.

Parásitos externos

Los ectoparásitos son aquellos parásitos que se encuentran fuera del organismo de tu gato. Para repelerlos suelen usarse collares y pipetas. Sabrás si tu gato tiene parásitos externos si tiene lesiones en la piel que te hagan sospechar, si detectas cambios de comportamiento por las molestias que les ocasionan y si directamente ves garrapatas o pulgas.

Los ectoparásitos, aunque sean externos, pueden transmitir microorganismos mediante su saliva cuando pican o muerden como verás a continuación, y en este caso pasan a ser también un problema interno.

Hay muchos tipos de parásitos externos que pueden afectar a tu gato, los más conocidos o frecuentes son los siguientes:

Garrapatas

Hay varias especies de garrapatas que pueden afectar a los gatos. Estos parásitos se encuentran sobre todo en zonas de pasto, árboles, vegetación y donde hay ganado, y debes tener especial cuidado en primavera y verano, cuando hace más calor: es en esta época y en estos lugares donde las garrapatas están al acecho esperando a un huésped en el que anclarse. Cuando lo hacen no solo pueden producir el daño físico que provoca su mordedura, sino que, mediante la saliva pueden transmitir diversas enfermedades.

Suelen estar en la zona de la cabeza (hocico, orejas...), las axilas, las ingles o entre los dedos...

No es un ectoparásito frecuente en los gatos *indoor*, aunque si tienen acceso al exterior, pueden tener con más facilidad.

¿Qué hacer si tu gato tiene una garrapata? Cuando intentes sacarla sobre todo no la aplastes y evita que se parta en dos, ya que quedaría la parte de la «boca» de la garrapata enganchada en el animal. No te recomiendo el uso de alcohol, aceite y otros líquidos, porque sí, harán que la garrapata se suelte, pero provocan que el parásito regurgite y el riesgo de transmitir microorganismos con la saliva aumenta.

Pulgas

Estos diminutos ectoparásitos (insectos) son capaces de saltar 50-70 cm en el aire y desarrollan una aceleración 50 veces más alta que un transbordador espacial ascendente; y 10 hembras podrían producir 250.000 descendiente en apenas un mes. ¡Alucinante! Las encontrarás principalmente en verano, cuando hace más calor, pero ten en cuenta que pueden estar dentro de casa y reproducirse sin problemas en épocas de más frío. Pueden estar en objetos y en otros animales y saltan de un lado a otro para alimentarse, en este caso de tu gato. Pueden transmitir enfermedades, como la dermatitis alérgica por picada de pulga (DAPP), y provocan cambios de comportamiento (por las molestias del picor).

Suelen encontrarse principalmente en la zona de la cabeza, la espalda (cerca de la base de la cola) y las ingles, aunque pueden estar por cualquier zona.

Muchas veces no las verás, pero sospecharás si las heces de tu gato son de color rojizo, si se mueve rápidamente para mordisquearse a sí mismo y si da saltos y hace carreras repentinas.

¿Qué hacer si tu gato tiene pulgas? Como con todos los parásitos, en caso de infestación hay que hacer una buena desinfección y tratamiento del ambiente. Si no lo haces, por mucho que lleves a tu animal al veterinario para que le trate, volverá a infestarse. Te recomiendo lo siguiente:

- Limita los movimientos del animal por la casa.
- Aspira a fondo todo aquello que el gato haya tocado.
- Limpia con lejía o amoníaco aquellos objetos que lo permitan.
- Haz dos ciclos de la lavadora con ropa, camas, cojines... con agua muy caliente para matar los huevos.
- En el mercado existen productos como espráis e insecticidas para tratar el ambiente.

Mosquitos y moscas

Estos insectos tan habituales pueden transmitir enfermedades. Los hay de muchos tipos, pero dos de los más importantes que pueden afectar a tu gato son la mosca de la arena (*Phlebotomus sp.*), transmisora de leishmaniasis, y el mosquito género *Culex pipiens,* transmisor de dirofilariosis.

Ambos son menos frecuentes en las zonas con más viento, puesto que son parásitos voladores. Las moscas de la arena son más numerosas en agosto y septiembre. Aquí te dejo un resumen de características de ambos.

NOMBRE	MOSCA DE LA ARENA	MOSQUITO *CULEX PIPIENS*
Enfermedad que transmite	Leishmaniasis: enfermedad infecciosa con diversos grados de afectación y gravedad	Dirofilariosis: conocida como «el gusano del corazón», enfermedad infecciosa con afectación cardiopulmonar
A quién afecta	a perros y gatos	a perros y gatos
Actividad	mayor actividad al atardecer (son nocturnas)	mayor actividad crepuscular
Hábitat	zonas rurales o sitios con vegetación como árboles, jardines, parques...	zonas húmedas con balsas de agua

Al igual que en el caso de las garrapatas, el riesgo de que mosquitos y moscas les transmitan enfermedades dentro de casa es escaso; en cambio, si tu gato tiene acceso al exterior el riesgo aumenta. Tenlo en cuenta para hablar con tu veterinario y escoger el mejor protocolo para cada caso.

Piojos

Los piojos no se encuentran con tanta frecuencia como otros ectoparásitos, pero tu gato puede tenerlos. Estos parásitos son muy molestos y pueden ser transmisores de *Dipylidium caninum* (un parásito interno). No tienen un origen estacional tan marcado como garrapatas, pulgas y mosquitos y aguantan bien las altas temperaturas. Se contraen mediante el contacto directo con otros animales que los tengan, o con objetos que los tengan, como camas, por ejemplo.

Los puedes encontrar en cualquier parte de tu gato, pero son más frecuentes en zonas de orificios como el ano, orejas, ojos... Los piojos tienen preferencia por el pelo largo.

¿Cómo sabrás que tu gato tiene piojos? Si se rasca, está inquieto y se irrita mucho, y si tiene el pelo áspero y seco, es muy probable que los tenga.

Parásitos internos

Los endoparásitos son aquellos parásitos que se encuentran dentro del organismo de tu gato, y pueden adquirirse por varias vías, incluso a través de parásitos externos, como he comentado. Al igual que con los ectoparásitos, el protocolo para prevenir o desparasitar debe ser individualizado y adaptado a cada animal y no dar de forma sistemática un producto mensual o trimestral. Por ello, lo recomendable es realizar un análisis coprológico seriado y enviarlo a un laboratorio. Este consiste en recoger las cacas de tu gato durante tres días consecutivos y enviarlas a laboratorio para que a través de diversas técnicas busquen la presencia de parásitos.

Hacerlo así no solo es importante para la salud de tu gato, sino también para evitar crear resistencias a los principios activos usados como antiparasitarios por un uso indiscriminado de estos (ya ha pasado con los antibióticos). Si no hay parásitos no tiene sentido aplicar un producto cuya principal finalidad es matar parásitos.

A diferencia de los ectoparásitos, los endoparásitos son más difíciles de detectar. Solo se ven algunos tipos en las heces y no siempre, y muchas veces no hay síntomas. Pueden darse casos en que la infestación no sea muy grande y no haya síntomas o que solo se dé alguno y de ahí la importancia de los análisis coprológicos que te comentaba anteriormente.

Hay muchos tipos de parásitos internos que pueden afectar a tu gato y algunos también a ti en el caso de que los tenga. La mayoría no son estacionales, como en el caso de los ectoparásitos, ya que se pueden encontrar en muchos lugares convencionales como en la comida, el suelo, en agua estancada, en la hierba... Algunos de los grupos más frecuentes son los siguientes:

Ascaris o gusanos redondos

Son los vermes redondos y se ven como espaguetis, bien en las heces o incluso en los vómitos. En este grupo se encuentran, por ejemplo, los *Toxocara cati*, *Ancylostoma spp.*, entre otros.

Tenias

Su aspecto es como de granitos de arroz y son gusanos planos, blancos y largos que se anclarán en la pared intestinal del gato, y desde ahí se alimentan de los nutrientes que necesitan para vivir y realizar su ciclo.

Coccidios y giardias

Son protozoos bastante comunes. La giardia es difícil de eliminar por completo y es muy contagiosa.

¿Qué síntomas puede tener un gato infectado por parásitos internos? No siempre hay síntomas y dependerá mucho del tipo de parásito. Algunos síntomas son:

- vómitos
- diarrea
- heces con sangre
- dolor o inflamación abdominal
- pérdida de peso
- falta de apetito
- tos
- malestar general
- pelaje seco

Cada parásito debe tratarse de forma diferente e individualizada, de ahí la importancia de los controles. En ocasiones, puede ser suficiente con un manejo integrativo, pero en otras necesitaremos más herramientas para un correcto control. Por eso es muy importante que el protocolo sea recomendado por un médico veterinario atendiendo a detalles de tu gato, como la edad, dónde vive, si es *indoor* o *outdoor*, si convive con más animales, miembros de la familia humana, etc.

Existen varios productos en el mercado para el control de parásitos internos y externos, algunos más o menos naturales y el formato puede ser muy diferente (espray, pipeta, pastillas, collares...).

Vacunación responsable

Las vacunas salvan vidas, esto es una realidad y una evidencia científica, por eso es muy importante que si vas a introducir un gato en casa lo primero que debes hacer es completar su calendario vacunal.

A partir de aquí y una vez el animal es adulto, el protocolo vacunal dependerá de su estilo de vida y de la legalidad del país donde reside. Es muy importante adaptar el protocolo vacunal a cada animal sin sobreexponerle a más vacunas de las necesarias. ¿Por qué? Por varias cosas: los anticuerpos de algunas vacunas duran más de un año: hay un porcentaje de animales que no responden a la vacunación, y hay vacunas esenciales y no esenciales. Un ejemplo estándar de vacunación sería:

- Iniciar la primovacunación a las 6-8 semanas de vida.
- Revacunar cada 2-4 semanas.
- Poner la última dosis vacunal a las 16 semanas de vida o más.

Concretamente, para la península Ibérica los expertos recomiendan:

- Vacunas esenciales

  - panleucopenia felina (FPB)
  - herpes virus felino (FHV)
  - calicivirus felino (FCV)
  - rabia

· Vacunas no esenciales

- virus de la leucemia felina (FeLV)
- *Bordetella bronchiseptica*
- *Chlamydia felis*

Una vez realizada una primovacunación efectiva, la duración de la inmunidad puede ser de hasta 9 años. Lo recomendable es vacunar a tu gato cada 3 años aproximadamente, y no más a menudo; excepto, claro, si la ley marca alguna vacuna obligatoria y pauta su frecuencia.

Pero ojo, esto no quiere decir que no tengas que llevar a tu animal por lo menos una vez al año al veterinario para hacerle un chequeo general. Además, recuerda que en muchos casos la vacunación no ofrece una protección total, por lo que está indicado realizar los test correspondientes una vez al año para comprobar que todo está correcto. En gatos *indoor* incluso se podrían espaciar más algunas vacunas (esto no exime la visita anual) y deberás valorarlo con tu veterinario.

En resumen, o lo vacunas de forma rutinaria o haces lo más indicado: mirar si tiene anticuerpos que determinen si necesita o no ser revacunado ese año.

Como este tema de la no revacunación anual puede ser algo polémico, encontrarás más información en la guía internacional de vacunación de WSAVA.[1]

Cuidado e higiene dental

Es importante hablar específicamente de la salud dental, ya que la enfermedad periodontal es la dolencia que más afecta tanto a perros como a gatos. Se estima que a los 2 años de edad el 70 % de los gatos tienen algún tipo de enfermedad periodontal. ¿Por qué se contrae esta enfermedad? ¿Cómo se forman la placa, el sarro y la gingivitis? Te lo explico de forma rápida en esta imagen:

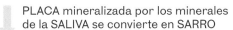

¿QUÉ SUCEDE?

Bacterias orales adheridas (PLACA) forman el BIOFILM (estructura formada por microorganismos) que producen TOXINAS = INFLAMACIÓN

PLACA mineralizada por los minerales de la SALIVA se convierte en SARRO

Cambio de la POBLACIÓN BACTERIANA = inicio GINGIVITIS

PLACA	CÁLCULO	GINGIVITIS
24	3 DÍAS	2 SEMANAS

Las consecuencias de la enfermedad periodontal pueden ser:

- locales: fístulas, fracturas de dientes, pérdida de piezas, problemas oculares, aumento de cáncer oral...
- sistémicas: enfermedad renal, hepática, pulmonar, cardíaca, osteoporosis, artritis, aumento de prevalencia de diabetes...

Como ves no es un problema únicamente de la boca, aunque empiece por aquí, por eso es muy muy importante que mantengas la boca de tu gato en buen estado e higiene.

Los problemas bucales están muy ligados a la alimentación. Entonces la pregunta es: ¿por qué tenemos tantísimos animales con este problema si se supone que están comiendo pienso, que es lo que tienen que comer y lo mejor? Pues porque el pienso es una opción de alimentación cómoda, pero no quiere decir que sea la mejor ni mucho menos como veremos en el apartado de alimentación. De hecho, se argumenta que el pienso es bueno para ello, pero es por la masticación y la abrasión mecánica en el diente, no por el hecho de que tengan que comer pienso. Según mi experiencia para que tu gato tenga una buena salud bucal lo mejor que puedes hacer es:

- **Eliminar el pienso y pasar a comida real.** El pienso tiene un gran contenido de hidratos de carbono y grasas. Estas son extrusionadas (la extrusión es el proceso de fabricación del pienso) para conseguir la forma de «croqueta», que, al entrar en contacto con la saliva, se vuelve de una textura más gomosa y forma una película encima del diente. Obviamente, esto es conocido por la industria del pienso y por ello juegan con el tamaño de la croqueta para «mantenerlo a raya», un poco a modo de cepillo de dientes gracias a la acción mecánica.
- **Dale *Ascophyllum nodosum*.** Es un alga que ha demostrado eficacia en la reducción de problemas de sarro.[2] Como la mayoría de las algas, es rica en yodo, por eso es importante que sigas las indicaciones del fabricante con la cantidad recomendada. Es un producto que debes usar en la dosis indicada de forma diaria y empezarás a ver resultados pasadas unas semanas. Lo puedes encontrar actualmente en muchas tiendas de productos para animales, clínicas veterinarias o por internet, y no necesita de prescripción. Es una opción muy cómoda y recomendable en el caso de los gatos, ya que no incluye manipulación que pueda estresarle ni el hecho de que les guste más o menos masticar.
- **Que use huesos recreativos.** Los huesos recreativos son capaces de reducir hasta un 80 %[3,4] de sarro en poco tiempo y así se ha evidenciado en los pocos estudios que se han hecho al respecto hasta la fecha en perros, y podrían apuntar a que en gatos es igual. En dichos estudios no se vieron fracturas ni otro tipo de problemas por el uso de huesos recreativos crudos. Eso sí, es importante saber cuál elegir y de qué forma darlo. Puedes encontrar información sobre ellos en este vídeo de mi canal de YouTube: «Huesos recreativos Adrián Conde Vet». En el caso de los gatos puede ser más difícil escoger los más adecuados, ya que lo de roer no es tan habitual en estos animales, así que hay que buscar algo que les motive; en este caso puede usar palitos de matatabi.

- **Escoge masticables deshidratados.** Caravaca, tendones, y nervios, entre otros snacks naturales deshidratados, ayudan a una eliminación más efectiva del sarro que los snacks basados en cereales[5] (las famosas barritas dentales para gatos).
- **Usa pastas de dientes enzimáticas.** Contienen un complejo de enzimas (proteínas complejas que producen cambios químicos específicos) que ayudan, junto al cepillado, a remover la placa y suciedad. El cepillado frecuente proporciona una limpieza de los dientes. Siempre recomiendo que uses estas pastas de dientes enzimáticas para gatos, puesto que, aunque no se deje cepillar o es difícil que haya un buen cepillado, ya hacen algo por sí solas.

Castración

La castración es un tema que siempre ha estado en el punto de mira. Hasta hace unos años la mayoría de los veterinarios eran procastración sistemática a una edad muy joven. Pero en la actualidad esto se ha puesto en duda debido a que cada vez hay más estudios que contemplan los efectos de la castración a largo plazo y el impacto que tiene en otras partes de cuerpo más allá de los órganos reproductores.

Entonces ¿debo castrar a mi gato? La respuesta no puede tratarse de un modo generalizado, sino que hay que considerarla INDIVIDUALMENTE para cada gato. Si hay que castrarlo y cuándo dependerá de la salud física, comportamental y emocional de tu animal de compañía.

En el caso de gatos esto no está tan en debate todavía, puesto que hay muy pocos estudios al respecto en comparación con los perros, pero sí que es cierto que a la hora de tomar la decisión de castrar hay muchos factores que se deben considerar para asegurarnos de que los pros pesan más que los contras para el gato. Estos factores son: la situación individual, la raza, el sexo, la edad, el hábitat, el estado de salud física y el estado de salud comportamental.

Como norma general hay que esperar al correcto desarrollo adulto del gato para que no haya interferencia con el crecimiento. En el caso de las gatas también es aconsejable dejar pasar un celo, aunque como te he explicado en el apartado del aparato reproductor, se puede hacer bastante pesado para la familia debido a su tipo de ciclo. Es cierto que en el caso de gatos disminuye las peleas y problemas de marcaje de forma considerable, además de que al no disponer de unos órganos (testículos, útero y ovarios), obviamente estos no podrán enfermar.

El GEMCA (Grupo de Especialidad en Medicina del Comportamiento Animal) tiene un posicionamiento sobre el efecto de la castración en la especie felina y canina en el que puedes encontrar algunos estudios al respecto.[6]

> Antes de castrar a un gato deberás acudir a un veterinario clínico para que evalúe la parte de salud física y a un veterinario etólogo clínico para que evalúe la salud comportamental. Solo de esta manera conseguimos el máximo nivel de bienestar

Obesidad

El sobrepeso y la obesidad son en la actualidad un grave problema en los gatos: prácticamente uno de cada dos gatos tiene un exceso de peso. Hay varios factores implicados en estos números. La obesidad felina está relacionada con problemas como:

- diabetes
- problemas cardiovasculares
- problemas osteoarticulares
- reducción de la inmunidad
- problemas urinarios
- menor esperanza de vida

Es un problema de salud importante y en aumento, así que te recomiendo que tengas un buen control sobre la condición corporal de tu gato dándole una alimentación de calidad y a poder ser de comida real y hacer que realice ejercicio físico y mental acorde a sus necesidades. En el apartado de nutrición encontrarás una tabla con ilustraciones para que evalúes si tiene una buena condición corporal, ya que el peso, en muchas ocasiones, no es suficiente para saberlo.

Cuidado del pelo

No pretendo entrar en detalle sobre el tema de los cuidados del manto de los gatos, puesto que eso se lo dejo a las personas especializadas en peluquería felina. El manto son los pelos que recubren el cuerpo de los gatos. Hay varios tipos de mantos y cada uno necesita de sus herramientas y productos de forma individualizada. Pero sí me gustaría comentarte algunas cosas que seguramente oirás y que afectan a la salud física de tu animal, para que sepas qué hacer o no cuando recibas este tipo de consejos (que incluso podrían venir de «profesionales» de la peluquería felina).

A los gatos no se les rapa para que pasen menos calor. Los gatos se rapan solo si hay un motivo médico (heridas o cirugías) y en casos muy específicos de abandono del pelaje en los que no hay más alternativa y hay que cortar por lo sano. En función del manto sí que se le puede cortar (más o menos largo), pero raparles para que pasen menos calor no tiene ningún sentido, y se puede provocar incluso que tengan más calor. Aunque tú no lo veas el pelo les ayuda con su termorregulación y es su protección tanto del frío como del calor.

Te voy a poner un ejemplo que ayuda a entender por qué el pelo muy corto rapado puede provocarles más calor: imagina un palo recto apoyado sobre una mesa, y piensa que el sol viene de arriba. Si el palo (que sería el pelo) es más largo, el sol lo tiene más difícil para llegar a la mesa (que sería la piel de tu gato), en cambio si el palo es corto o casi nulo (porque lo hemos rapado) los rayos solares llegarían antes a la piel y, por tanto, provocarían el aumento de la temperatura e incluso quemaduras.

Un correcto mantenimiento del manto de nuestro gato, con cepillado según las necesidades de su tipo de pelo, es lo que debemos hacer para que cumpla sus funciones de termorregulación para frío y calor y que el animal pueda transpirar correctamente.

No hay que usar productos cosméticos de humanos para gatos, da igual que sean de bebés. El pH de la piel del gato es superior al de los humanos, por lo cual, aunque no le produzca un daño directo o a corto plazo, en la mayoría de los casos, si usas productos no específicos para ellos les estarás dañando el manto y también la piel, que es una barrera muy importante contra el exterior.

Los gatos son animales muy limpios y se acicalan constantemente, de hecho, que se acicalen poco o que cambien el patrón de acicalarse indica que algo no está bien en su salud; por tanto y como norma general, los gatos no se bañan, no les suele gustar el agua y hacerlo es una situación muy estresante que precisa de mucha habituación y paciencia para que tenga un efecto positivo en su bienestar.

Puedes llegar a oír que hay personas que lavan el pelo de sus animales con el jabón de lavar los platos o la ropa. ¡Ni se te ocurra! Quedará limpio, sí, pero también eliminará la capa lipídica que tiene en la piel. Es como si generaras un colador en la misma por donde entrarían microorganismos patógenos que le provocarían muchos problemas.

Dolor

El dolor es un tema muy amplio y que va ligado a muchos tipos de problemas diferentes. Pero quiero dedicarle un apartado especial, puesto que en muchos casos está infradiagnosticado e infravalorado y esto, obviamente, afecta a su día a día y, por tanto, a su bienestar. Es muy importante que ante la sospecha de dolor acudas al veterinario para solucionarlo lo antes posible.

Si hay dolor hay cambios de comportamiento, y estos dependerán tanto del gato, como del tipo de dolor: si es agudo, persistente o crónico, entre otras cosas.

Algunos cambios de comportamiento asociados al dolor son:

- intentos de esconderse con el tutor o escapar de la consulta
- vocalizaciones y agresividad
- cambios de postura y es reacio a sentarse o tumbarse
- no quiere moverse
- cambios en el apetito
- cambios en la expresión de la cara
- se lame o se muerde en la parte afectada
- reduce las interacciones
- apatía
- agresividad
- rigidez muscular
- columna arqueada

Actualmente existe una escala validada, la Feline Grimace Scale,[7] que nos ayuda a detectar dolor en gatos mediante su expresión facial. Sirve desde un punto de vista médico en hospitalizaciones con pacientes ingresados, pero también a ti como tutor, para que tengas estos conocimientos y puedas detectar pequeñas sutilezas. A continuación, tienes ilustraciones y pautas de cómo se usa para que te resulte fácil entender esta escala.

Se valora cada apartado de 0 a 2.
0 = ausente
1 = moderadamente presente o no está del todo claro
2 = presente de forma marcada

Posición de las orejas

Orejas hacia delante	Orejas ligeramente separadas	Orejas giradas hacia fuera

0	1	2

Tensión de los ojos

Ojos abiertos	Ojos parcialmente cerrados	Ojos entrecerrados

0	1	2

Tensión del hocico

Relajado (forma redonda)	Tensión leve	Tenso (forma elíptica)

0	1	2

Posición de los bigotes

Flojo (relajado) y curvado	Ligeramente curvado o recto (más cerca)	Recto y moviéndose hacia adelante (rostralmente, lejos de la cara)
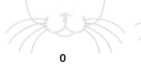		
0	1	2

Posición de la cabeza

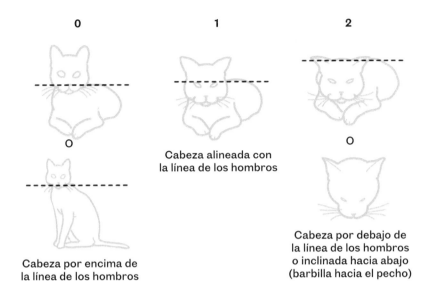

0

1
Cabeza alineada con
la línea de los hombros

2
Cabeza por debajo de
la línea de los hombros
o inclinada hacia abajo
(barbilla hacia el pecho)

Cabeza por encima de
la línea de los hombros

Puede ser muy útil como detección de dolor o malestar en tu gato, ya que como ya sabemos estos animales camuflan bien los signos de enfermedad. Si prefieres recursos web, actualmente tienes hasta una aplicación para el móvil en la web oficial.[8]

Capítulo 3

Primeros auxilios

El tema de los primeros auxilios es muy amplio y, al igual que con otros temas del libro, lo que pretendo es que tengas unos conocimientos básicos para que puedas actuar en caso de necesidad. Antes de hablar propiamente de primeros auxilios y emergencia, es importante que comprendas algunos parámetros fisiológicos y constantes vitales de tu gato para que puedas detectar si hay algún tipo de anormalidad.

Constantes vitales del gato

Temperatura

La temperatura en los gatos es ligeramente superior a la nuestra. Suele medirse por vía rectal con un termómetro digital para que no se rompa y oscila entre 38-39,2 °C. La media más habitual es de 38,5 °C. factores como el estrés pueden elevar la temperatura al máximo. Hablamos de un exceso de hipertermia (temperatura superior a la normal) cuando el animal está por encima de 41°C, y podría provocarle lesiones en el sistema nervioso central. Por el contrario, hablamos de hipotermia (temperatura inferior a la normal) cuando está por debajo de los 33 °C.

Frecuencia respiratoria

Es el número de veces que tu gato respira por minuto (rpm). La frecuencia respiratoria debes tomarla cuando está en reposo, observando los movimientos de subida y bajada de su caja torácica. Si el movimiento es lento, puede estar informando de una bajada drástica de temperatura, una intoxicación... Si es rápido, podría indicar algún tipo de problema en el corazón o la respiración. La media son 30 rpm, pero oscila entre 20-42 rpm.

Frecuencia cardíaca y pulso

Es la cantidad de veces que late el corazón por minuto (lpm) ¿Cómo lo puedes medir? Pon la palma de la mano en el lado izquierdo de su tórax y la diriges hacia la parte inferior, por detrás del codo. El pulso lo puedes tomar en la arteria femoral (zona de la ingle). Cuando late muy rápido hablamos de taquicardia y si late más lento hablamos de bradicardia. La media es de 90-180 lpm, no obstante, puede oscilar y seguir siendo normal, y hasta puede llegar a 200 lpm.

Tiempo de relleno capilar

Indica si la sangre llega correctamente a la periferia del organismo y hay, por tanto, un buen funcionamiento circulatorio. Tienes que presionar con un dedo la cara interna del belfo (el labio) y soltar rápidamente, este debe volver a su color habitual (rosado) en 1-2 segundos.

Estado de hidratación

Para saber cuál es el estado de hidratación de tu animal, debes hacer un «pellizco» en el pliegue cutáneo de la parte posterior del cuello. Coges el pliegue como pellizcando y sueltas, tiene que volver a su estado normal en 1-2 segundos, aunque en gatos obesos o muy delgados este tiempo puede variar. También es importante para observar el estado de hidratación revisar los globos oculares, que en el caso de deshidratación se encuentran más hundidos. Un aumento de la frecuencia cardíaca y las mucosas secas y sin brillo también son indicadores de deshidratación.

Este cuadro resume todo lo explicado y un par de parámetros más:

PARÁMETRO	MEDIA
temperatura	38°C-39,2°C
frecuencia respiratoria (FR)	20-42 rpm
frecuencia cardíaca (FC)	140-200 lpm
tiempo de relleno capilar (TRC)	<2"
hidratación	<2", observar también ojos, mucosas y FC
estado de consciencia	alerta: responde a todos los estímulos
mucosas	rosadas y húmedas
ojos	limpios, sin secreciones, húmedos y brillantes
oídos	limpios y sin malos olores
comportamiento	observar si está más tranquilo o nervioso de lo habitual y cómo interacciona con el medio

Qué es una emergencia

Es complicado definir qué es una emergencia, ya que como ves los gatos tienen parámetros diferentes a los humanos. Antes de nada, te diré una frase que siempre digo a mis clientes, amigos y familiares: «Si dudas de si ir a urgencias o no por lo que está pasando; ve». En ocasiones no será nada grave, pero en otras, sí.

Si no estábamos presentes cuando ha sucedido el accidente o percance, debemos fijarnos en el entorno y atender a detalles como:

- cables mordidos o dañados
- plantas mordisqueadas
- cubo de la basura volcado
- cajas de medicamentos que estén a la vista
- objetos rotos (como cristales)

- vehículos detenidos fuera de la vía en caso de que pase en carretera

Tenemos que agudizar nuestros sentidos para interpretar la información, por lo que una situación de emergencia nos la pueden indicar olores, comportamientos o escuchar sonidos extraños (o todos ellos):

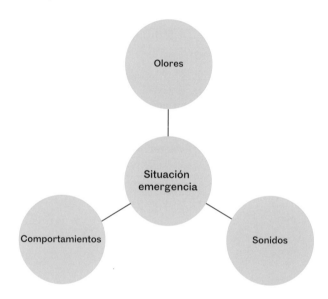

Recuerda que ante un accidente el protocolo de actuación que debes usar son las siglas PAS (Proteger, Avisar, Socorrer). A veces la lógica nos lleva a seguir otro orden, pero este es el correcto para no empeorar la situación y poder ayudar realmente.

Emergencias frecuentes y actuación

Golpe de calor

Hablamos de golpe de calor cuando la vida de nuestro gato se encuentra en peligro debido a que es incapaz de termorregular y excretar el exceso de temperatura. Los gatos eliminan mayormente el exceso de temperatura por la boca mediante el jadeo (aunque es menos frecuente que en los perros), pero si la temperatura del ambiente es demasiado elevada, este sistema se queda corto y su cuerpo empieza a entrar en shock. Debemos tener cuidado sobre todo en gatos que tienen acceso al exterior, pues en casa es más fácil controlar la temperatura constante.

A continuación, te doy unas pautas para actuar en un primer momento, pero debes acudir de inmediato al veterinario, ya que un golpe de calor puede ocasionar fallos en el organismo de forma irreversible.

1. Saca al gato de la zona soleada y calurosa.
2. Ponlo en la sombra en una zona ventilada o usa un ventilador.
3. Refresca labios, ingles y barriga con agua fresca (no congelada).
4. No le fuerces a beber.
5. No lo tapes.
6. No le pongas hielo directamente.
7. Acude al veterinario.

Procesionaria

Es más conocida como procesionaria del pino y es una oruga peluda que puede causar graves problemas en caso de entrar en contacto con tu gato. Solemos avistarlas entre enero y abril y se llama procesionaria porque bajan de los pinos y otras coníferas unas pegadas a otras simulando una procesión. Si tu gato tiene acceso al exterior donde pueda haber procesionaria, y teniendo en cuenta que les llaman la atención los bichos moviéndose, puedes notar este tipo de síntomas:

- salivación y dolor en la boca
- edema-úlceras-necrosis en la lengua
- agitación generalizada (está más nervioso)
- urticaria: se frotan la cara si el contacto ha sido en esa zona
- angioedema (dificultades respiratorias)

¿Cómo debes actuar si tu gato ha tenido contacto con la procesionaria?

1. Inspecciona rápidamente la zona para ver la parte afectada/extensión y la gravedad. Si tienes que manipular, hazlo con guantes porque a ti también te afecta.
2. Puedes lavar la zona con agua templada-caliente. Si el contacto ha sido en la boca por ejemplo (sin frotar, ya que romperías los pelitos y se excretaría más toxina), hazlo de dentro hacia fuera (para que no entren dentro del cuerpo). El agua caliente inhibe la toxina.
3. Llama al veterinario más cercano para decir que vas hacia allí y que sospechas de contacto con procesionaria para que estén preparados a tu llegada.
4. Vete rápidamente al veterinario tanto si ha habido ingestión como solo contacto. Aunque pueda parecerte algo superficial.

Reanimación cardiopulmonar (RCP)

La reanimación cardiopulmonar es necesaria cuando no detectemos ni pulso ni respiración en nuestro gato y además esté inconsciente. Si tiene pulso, pero no respira, solo realizaremos la reanimación pulmonar con ventilación asistida. Son dos cosas que pueden hacerse por separado, pero que se unen para hacer la RCP. Te explico a continuación cómo se hace:

Paso 1: Masaje cardiaco

Primero hay que encontrar el punto del masaje cardiaco: con el animal tumbado sobre el costado derecho, flexiona su pata delantera izquierda y el punto que te marque el codo es donde tendrás que hacer el masaje cardiaco.

1. Pon el talón de una mano en el punto del masaje y entrelaza las manos.
2. Bloquea los codos e inclina el cuerpo de forma que tus hombros queden directamente sobre tus manos.

3. Comprime en ese punto provocando un descenso del tórax entre un tercio y la mitad de su profundidad.
4. Después de la compresión, permite la recuperación por su propia elasticidad.
5. Haz una frecuencia de 100 compresiones por minuto (puedes seguir el ritmo de la canción de los Bee Gees «Stayin Alive»).
6. No debes interrumpir el masaje antes de los dos primeros minutos, a no ser que haya señales de vida por parte del gato, en cuyo caso sí deberás parar el masaje cardiaco.

En el caso de gatos y debido a su tamaño pequeño te puede resultar más fácil simplemente haciendo el masaje de compresión sobre el corazón rodeándolo con tus manos como si fuese una circunferencia.

Paso 2: Reanimación respiratoria

1. Extiende el cuello del animal dejando alineados hocico y columna.
2. Engloba todo el hocico del gato en tu boca.
3. Insufla aire hasta que veas que el tórax se expande.
4. Retira la boca y deja que su tórax se desinfle, dejando salir el aire de forma pasiva.

Una vez sepas hacer el paso 1 y el paso 2, es el momento de juntar ambos al siguiente ritmo y frecuencia: 30 compresiones torácicas (paso 1)/2 ventilaciones (paso 2) durante un mínimo de 2 minutos (esto son cuatro ciclos de ventilación/ compresión).

Atragantamiento

Es una de las emergencias más frecuentes. Como tutor es necesario que sepas actuar correctamente, ya que de ello puede depender su vida. Te explico paso a paso lo que hay que hacer:

1. Inspecciona la boca por si el objeto extraño se encontrara ahí. Muchas veces no ha llegado a pasar hacia dentro y podemos sacarlo (ten cuidado con los dedos).
2. Si no es el caso, pon a tu gato en posición de carretilla (patas traseras levantadas) y elevación (levantar en el aire). Esto se hace con la intención de que el objeto salga con la ayuda de la gravedad y la posición.
3. Si no sale nada, dale unas palmadas fuertes entre escápulas (omoplatos) para ayudar a expulsar el objeto.
4. Si después de todo lo anterior tienes la seguridad de que hay un cuerpo extraño, puedes pasar a la maniobra de Heimlich.

¿Cómo hacer la maniobra de Heimlich?

1. Ponte detrás de tu gato.
2. Rodea su abdomen con tus brazos y busca la zona donde termina la caja torácica.
3. Colocar tres dedos en ese punto.
4. Haz compresión hacia dentro y hacia arriba.
5. Las compresiones deben ser rápidas, firmes y fuertes.
6. Después de hacer un par de compresiones vuelve a mirar la boca.
7. Si el objeto no está en la boca, prueba a hacer dos o tres compresiones más y vuelve a inspeccionar.

En casos de atragantamiento por un objeto, el aire no puede entrar correctamente, por lo que muchos animales necesitarán también de una ventilación asistida o en algunos casos de una RCP.

Intoxicaciones

El tema de las intoxicaciones daría también para un único capítulo e incluso un libro entero, pero como se trata de que te quedes con lo más importante, te hablaré de las más frecuentes.

Intoxicaciones alimentarias

Como verás más adelante, soy partidario, a título personal y profesional, de alimentar a nuestros gatos con comida de verdad y no con bolitas secas (pienso). Pero ¡cuidado!, eso no quiere decir que

CEBOLLA
Y AJO*

CHOCOLATE

CAFÉ Y TE

UVAS Y PASAS

DULCES, XILITOL,
AZÚCAR

HUESOS
COCINADOS

LECHE**

NUECES DE
MACADAMIA

AGUACATE***

ALCOHOL

   * El ajo se utiliza en fitoterapia como antibiótico natural y desparasitante, entre otras cosas. Pero hay que cuidar la dosis. A algunos animales el ajo y la cebolla les pueden producir problemas. Consulta con un veterinario integrativo.

  ** Conforme los gatos crecen, al dejar de consumir leche pierden la enzima lactasa, por lo que se vuelven intolerantes a la lactosa.

*** Lo tóxico es la piel, el hueso y la planta. Al ser un alimento muy graso, hay animales que no lo toleran bien.

puedan comer de todo. De hecho, hay alimentos que nosotros podemos consumir sin problemas, pero que para su salud suponen un riesgo. Te dejo un cuadro resumen con los alimentos que tu gato debe evitar.

Medicamentos tóxicos de uso humano

Las intoxicaciones por medicamentos de uso humano son frecuentes. Se hace de forma intencionada, pero sin mala intención; a nuestro gato le duele algo y queremos aliviarle el dolor igual que haríamos con nosotros. Pero debes saber que los medicamentos que nosotros más utilizamos pueden ser tóxicos para ellos, como el paracetamol, el ibuprofeno y el ácido acetilsalicílico (aspirina), y especialmente en el caso de gatos.

Productos del hogar

La ingestión de productos de limpieza, como lejía, detergentes, etc., es frecuente, sobre todo si están a su alcance, así que, en este caso, como si se tratara de niños pequeños, este tipo de artículos deben estar siempre bien guardados.

El cuadro de síntomas varía mucho en función del producto: salivación, vómitos, diarreas, quemaduras del sistema digestivo, síntomas respiratorios, neurológicos, convulsiones... En caso de intoxicación por este tipo de productos NO SE HACE VOMITAR AL GATO, ya que el problema puede empeorar al volver a pasar el contenido corrosivo hacia fuera por el aparato digestivo.

Otros tóxicos

Te he comentado las intoxicaciones más frecuentes, pero hay que tener en cuenta que otras muchas cosas pueden ser tóxicas para los gatos, como plantas (les encantan a los gatos) como la flor de Pascua (típica de Navidad) y otras que resultan tóxicas para ellos (puedes consultarlas en aspca.org), productos herbicidas que se echan en las hierbas de campos y ciudades, setas, sapos, picaduras y mordeduras de otros animales, etc. Es muy importante que siempre trates de identificar la causa de la intoxicación, ya que será mucho más fácil y rápida de tratar en el veterinario.

Botiquín

Tener un botiquín con algunas cosas básicas, te facilitará gestionar algunas situaciones de primeros auxilios. Este puede ser desde muy sencillo a mucho más elaborado, por eso te recomiendo que hables con tu veterinario para que te ayude: puede hacerte recomendaciones y prescribirte algunos medicamentos para situaciones de emergencia si lo considera oportuno, y también explicarte cómo aplicarlos.

Las cosas que debería contener el botiquín son:

para el humano	- guantes desechables - desinfectante de manos
contención para el gato (por si es necesario)	- ¿bozal? Hay especiales para gatos - toalla (te servirá para hacer un rollito)
material de un solo uso	- vendas - gasas - esparadrapo - jeringas de diferentes medidas
para heridas	- suero fisiológico (nos servirá para limpiar las heridas, ojos, boca, etc.) - antiséptico (clorhexidina, alcohol, povidona yodada...). La clorhexidina es adecuada para salir del paso en las heridas en general y así te ahorras las demás) - ¿grapadora? Hay grapadoras quirúrgicas que en situaciones muy aisladas pueden hacerte ganar tiempo para parar la hemorragia hasta llegar al veterinario
medicamentos	Recuerda que siempre deben estar prescritos por un veterinario: - pomadas (varias opciones, una con corticoides y otra sin, una cicatrizante...) - corticoesteroides inyectables por si estáis en medio de la montaña y entra en contacto con procesionaria, por ejemplo
otros	- pinzas - pinzas quitagarrapatas - termómetro de punta flexible - manta térmica - linterna - tijeras - cortaúñas

Capítulo 4

Mitos sobre la salud del gato

Los gatos tienen 7 vidas

1 Creo que es un poco obvio, pero se sigue repitiendo. Este mito procede del hecho, sobre todo, de que muchos gatos sobrevivan a caídas de altura, pero como he explicado, esto no siempre tiene un final feliz. Cuida de tu gato y no creas que es un superhéroe.

Las gatas deben parir una vez en la vida

2 No es necesario que una gata tenga una camada al menos una vez y, de hecho, hacerlo por tu cuenta sin ser un criador profesional que sabe lo que hace conlleva más riesgos que beneficios. Mi recomendación: no lo hagas.

Los gatos ven en blanco y negro

3 Como he comentado, los gatos tienen una capacidad más limitada que los humanos para ver las gamas de colores (no distinguen bien entre rojo y verde, por ejemplo), pero no ven en blanco y negro.

No engordan después de castrarles

4

Hay un ligero aumento en la capacidad de tener sobrepeso en animales castrados, debido a que las hormonas también participan en metabolismos de su organismo. No obstante, es algo que se puede controlar con una dieta adecuada.

La nariz seca indica que está enfermo

5

El hecho de que la nariz del gato esté más o menos seca atiende más a causas del ambiente e hidratación que no al hecho de una enfermedad en sí, de modo que no sería un buen indicativo para valorar si tu gato está enfermo.

Un gato obeso es un gato feliz

6

Uno de los argumentos cuando se hace alusión en consulta a que está un poco gordito es: «Bueno, pero es feliz». Pero no, la felicidad no depende de estar más o menos obeso, depende de cubrir correctamente sus necesidades como especie y entre ellas se encuentra una buena condición corporal, además de los riesgos que conlleva para su salud.

Si estás embarazada deshazte del gato

7

Esto es debido a la toxoplasmosis, enfermedad causada por un parásito que se puede contraer de múltiples formas (heces de gato contaminada, carne cruda o mal cocinada contaminada, agua contaminada, vegetales mal lavados, tierra contaminada...), no es necesario que te deshagas de tu gato, simplemente limpiar el arenero de forma diaria para que en caso de que tu gato estuviera infectado (no es tan frecuente), al parásito no le dé tiempo a replicarse en el ambiente, y si convives con otra persona y se encarga de limpiar el arenero, mejor, pero si no, limpia diariamente el arenero y desinféctalo.

Si le rapo tendrá menos calor

8

Como ya he explicado anteriormente, el pelo (bien mantenido) es su mejor protección tanto del frío como del calor. Raparle solo hace exponer su piel a quemaduras y lesiones y aumentar el riesgo de sufrir un golpe de calor.

Que vomiten bolas de pelo es normal

9

No, no es normal la frecuencia con la que se asume esto. Que tu gato vomite frecuentemente y haya pelo es un signo de que algo no va bien. La expulsión de bolas de pelo es algo que puede ocurrir en contadas ocasiones a lo largo del año; si, además lo cepillas correctamente, se minimiza más aún.

Los gatos son muy duros, no enferman

10

Parece que hay más consciencia de que el perro puede enfermar y el gato no. No es que sean más duros, simplemente son muy buenos actores, por lo que camuflan bastante bien los procesos de enfermedad, así que cuando vemos que están malos, en muchas ocasiones es porque ya están muy enfermos, de ahí la importancia de que sepamos detectar pequeños cambios, por ejemplo, en el comportamiento,

En los capítulos de la parte de alimentación te hablaré de los tipos que hay, cuáles son más o menos recomendables en función de su calidad real —no de lo que dice el marketing— y te propondré algunas recetas saludables y divertidas para hacer en casa.

SEGUNDA PARTE

Alimentación

Capítulo 5

Bases de la nutrición felina

Antes de hablar de los diferentes modelos de alimentación para tu gato, te explicaré algunos conceptos generales de la nutrición felina.

Conceptos generales

El gato lo podemos catalogar como un carnívoro estricto. Esto quiere decir que es capaz de obtener todos los nutrientes gracias a los productos de origen animal proveniente de sus presas y que no precisa de fuentes vegetales en su alimentación. Es cierto que pueden tolerar una pequeña cantidad sin riesgos para su salud, pero su dieta debe ser a base de productos de origen animal. No es una única característica anatómica o fisiológica lo que le hace un carnívoro, sino el conjunto de todas ellas:

- tipo de dentadura y apertura de la masticación
- papilas de la lengua; esta no solo sirve para acicalarse, sino también para el pelo y las plumas de las presas que ingiere y para poder obtener hidratación a través de ellas
- forma de masticación: lo justo para adaptar el paso del alimento por el esófago
- copias de amilasa salivar (encargada de la predigestión de hidratos de carbono) prácticamente inexistente

- pH estomacal muy ácido
- intestino corto y simple preparado para metabolizar proteínas y grasas de origen animal y expulsar microorganismos patógenos con mayor rapidez (recordemos que son animales carroñeros por naturaleza)

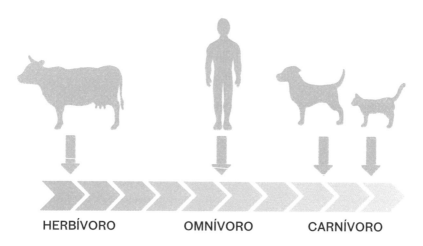

HERBÍVORO   OMNÍVORO   CARNÍVORO

¿Qué come un gato? Obviamente, un gato no come pienso. El pienso es una creación humana de hace unos 150 años para facilitar la vida a las personas que viven con gato, aunque, como veremos, quizá no es lo más adecuado. Para saber qué comen los gatos, observaremos grupos de gatos ferales. Veremos que siempre que existe disponibilidad prefieren animales pequeños, como roedores, aves, insectos, ranas, pequeños lagartos y, cuando no hay disponibilidad, se adaptan a lo que pueden. En estos casos suele aumentar su consumo de hidratos de carbono.

Además, hay que tener en cuenta que el origen desértico del gato le hace especialmente sensible a la deshidratación, ya que la mayoría de la hidratación la obtiene a través de sus presas.[1] Por esto principalmente es por lo que una dieta seca de pienso no es recomendable si se quiere cuidar la salud del gato.

Los gatos tienen rutas metabólicas más especializadas que los humanos para obtener la energía de las proteínas y las grasas como carnívoros que son, y son capaces de llevar una alimentación completamente equilibrada solo con el consumo variado de sus presas.

Los gatos disponen de una capacidad limitada para digerir el almidón. Carecen de amilasa salivar y tienen poca amilasa pancreática (que es la enzima que se encarga de que el organismo pueda digerir esos hidratos de carbono en partes más pequeñas), así que su cuerpo hace un esfuerzo extra para digerir una alimentación elevada en hidratos de carbono.

Proceso de digestión

El proceso de digestión de los alimentos consiste en extraer los nutrientes que, una vez absorbidos, pasarán a las células del organismo. Para que entiendas el proceso te resumo a continuación las funciones de las tres partes del sistema digestivo.

- *Sección ingestiva*: la forman la boca, la faringe y el esófago. En la boca se mezclan los alimentos masticados con la saliva y el resultado se llama bolo alimentario. El bolo atraviesa la faringe y el esófago y, mediante contracciones de los músculos, pasa al estómago.
- *Sección digestiva*: la forman el estómago, el hígado, el páncreas y el intestino delgado. El bolo alimentario entra en contacto con el contenido gástrico (muy ácido) y se hace un primer ataque de las sustancias nutritivas más solu-

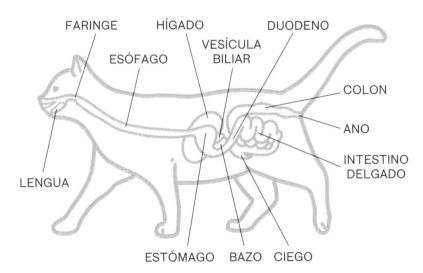

bles. Esta mezcla del bolo y los jugos gástricos se llama chimo. En la primera parte del intestino delgado se aportarán enzimas digestivas que ayudarán a que los nutrientes sean más absorbibles por las paredes intestinales y sus vellosidades.

- *Sección expulsiva*: la forman el intestino grueso y el recto. En esta parte hay una absorción de agua y nutrientes y los restos son expulsados al exterior mediante las heces.

Nutrientes principales

Agua. El acceso a agua limpia y fresca debe asegurarse de manera diaria y constante, puesto que es necesaria para una supervivencia básica y el correcto funcionamiento del organismo de un animal. Además, si hablamos de gatos que se están alimentando con alimento seco, es mucho más importante que tengan acceso a agua.

Grasas. Son una fuente de energía de uso tardío. El tipo de energía que otorgan las grasas es una energía más mantenida en el tiempo, lo que le asegurará un aporte energético constante y a medida que lo necesite.

Proteínas. Son vitales para numerosas funciones y estructuras del organismo. Las proteínas están formadas por aminoácidos, que son necesarios para la síntesis de proteínas para el crecimiento y reparación de tejidos. Además, en caso de necesitar energía también pueden obtenerla de estas (aunque son menos eficientes). Su calidad se mide por el valor biológico (perfil aminoácidos) y su digestibilidad.

Hago aquí una mención especial a la taurina, un aminoácido esencial que los gatos casi no pueden producir por sí mismos y que deben obtener a través de la alimentación. En muchos casos su ausencia es uno de los errores más frecuentes de las dietas caseras (también lo fue con los primeros piensos en su día).

Hidratos de carbono. Aportan energía de manera «rápida» y pueden obtenerse de diversas fuentes, como cereales, legumbres, vegetales y frutas. Los piensos extrusionados (la gran mayoría del mercado) son necesarios para poder fabricar la croqueta; sin almidón es imposible fabricar pienso extrusionado.

Minerales. Son elementos inorgánicos esenciales para los procesos metabólicos del organismo. Aproximadamente un 4 % del peso está formado por materia mineral y, aunque sea un pequeño porcentaje, son necesarios en su justa medida. Los dividimos en:

- macrominerales: mayoritarios en el organismo, y los encontramos en el calcio, fósforo, magnesio, azufre, hierro y los electrolitos sodio, potasio y cloruro.
- microminerales (u oligoelementos): están presentes en una cantidad muy pequeña, por tanto, su aporte en la dieta es mínimo pero necesario.

Vitaminas. Son moléculas orgánicas que se necesitan en cantidades muy pequeñas para actuar en diversos procesos del organismo. La mayoría no pueden ser sintetizadas por el organismo y deben ser ingeridas a través de los alimentos.

Microbiota intestinal

La microbiota intestinal es la comunidad de microorganismos (sobre todo bacterias, pero también virus, hongos...) que ocupan un hábitat específico. En este caso hablamos de microbiota intestinal, puesto que es toda esa población que se encuentra mayoritariamente en los intestinos. Estas bacterias que forman parte de la microbiota no son malas, sino todo lo contrario: son beneficiosas para la salud de tu animal y para luchar contra las bacterias nocivas que entren en su organismo. Cada vez más estudios demuestran la importancia de la microbiota intestinal.

La microbiota tiene un papel importante en procesos como:

- obtención de energía
- metabolismo

- desarrollo neuroconductual
- actividad inmunológica

Cuando la microbiota está alterada, aparece la disbiosis, y esta alteración puede estar ligada al desarrollo de varias enfermedades:

- enfermedad inflamatoria intestinal
- obesidad
- alergias
- diabetes
- problemas de conducta
- problemas dermatológicos

¿Qué deteriora la microbiota?

- el estrés
- el ambiente
- una alimentación muy procesada
- el uso abusivo de fármacos

¿Cómo puedes ayudar a la microbiota intestinal de tu gato?

- Aliméntalo con comida de verdad, adaptada a los requerimientos de su especie: en los pocos estudios que se realizan de alimentación natural para perros y gatos, y los que se han enfocado a la microbiota, parece que los grupos alimentados con alimentación natural tienen unos intestinos más sanos y eficientes en comparación con los animales alimentados con pienso.
- Incluye en su alimentación probióticos y prebióticos (más adelante te hablaré de cuáles puedes darle).
- Medícalo siempre con prescripción del profesional y haz un uso justificado de los fármacos, sobre todo de antibióticos, pero en general de cualquier fármaco.
- Controla los niveles de estrés y la correcta gestión emocional.

Condición corporal y peso

Uno de los grandes problemas de los gatos hoy en día es que hablamos ya de que casi un 50 % de ellos se encuentran por encima de su peso según la Association for Pet Obesity Prevention.[2] Hay varios factores que pueden hacer que tu gato engorde o adelgace, pero no solo es importante tener en cuenta el peso como tal (que es una medida más), también hay que evaluar su condición corporal, que, aunque puede ser más subjetiva, nos da una valoración de si se encuentra en un peso saludable.

Hay varias escalas para determinar esto, algunas de nueve puntos y otras de cinco. Aquí te explico la de cinco puntos, porque creo que para un uso en casa como tutores ya proporciona herramientas suficientes para que puedas evaluar si está bien o no.

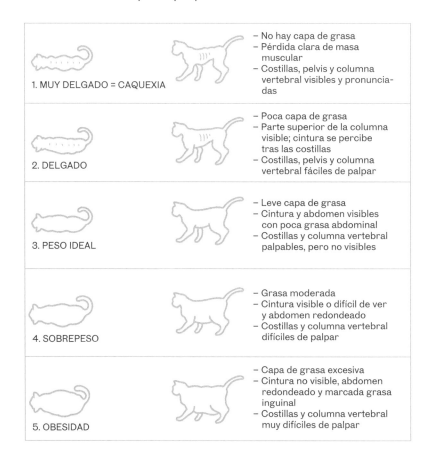

1. MUY DELGADO = CAQUEXIA	– No hay capa de grasa – Pérdida clara de masa muscular – Costillas, pelvis y columna vertebral visibles y pronunciadas
2. DELGADO	– Poca capa de grasa – Parte superior de la columna visible; cintura se percibe tras las costillas – Costillas, pelvis y columna vertebral fáciles de palpar
3. PESO IDEAL	– Leve capa de grasa – Cintura y abdomen visibles con poca grasa abdominal – Costillas y columna vertebral palpables, pero no visibles
4. SOBREPESO	– Grasa moderada – Cintura visible o difícil de ver y abdomen redondeado – Costillas y columna vertebral difíciles de palpar
5. OBESIDAD	– Capa de grasa excesiva – Cintura no visible, abdomen redondeado y marcada grasa inguinal – Costillas y columna vertebral muy difíciles de palpar

Etapas y necesidades

Al igual que tú no tienes los mismos requerimientos nutricionales a lo largo de tu vida, tu gato tampoco, por eso es importante comprender algunos conceptos clave de cada etapa a modo de información.

Alimentación para el destete

Los primeros alimentos que consume el cachorro deben adaptarse a su anatomía y fisiología y cumplir algunos requisitos:

- Deben ser bajos en almidón, debido a que tienen poca capacidad para digerirlo.
- Deben tener un contenido energético en poco volumen, debido a que en esta etapa su estómago es muy pequeño, pero el animal necesita gran aporte energético.
- Deben contener altos niveles de proteína de calidad.
- Es importante aportarle diferentes texturas y sabores de alimentos; los gatos son muy neofóbicos.

Alimentación para cachorros en crecimiento

Es la etapa más importante, debido a que va a crecer hasta obtener su físico de gato adulto. La conducta alimentaria de un gato consiste en un consumo frecuente de cantidades pequeñas.

- Los alimentos no deben contener muchos hidratos de carbono, ya que les cuesta digerirlos y dándole grandes cantidades, no serán consumidos y supondrán un exceso de energía que se acumulará en forma de grasas.
- Debe proporcionar la suficiente energía que requiere un organismo en crecimiento, pero se debe vigilar que el animal no se exceda de peso, lo que dificultaría un crecimiento correcto.

- Debe contener una cantidad elevada de proteínas de calidad (alto valor biológico y biodisponibilidad).

Alimentación para gatos adultos

Siguiendo las mismas pautas, debe ser baja en hidratos de carbono y con proteína de alto valor biológico, ya que las demandas energéticas no son tan elevadas. Hay que evitar sobrealimentar al animal, ya que en la etapa de gato adulto (y sobre todo en el caso de los gatos *indoor*) no hay una demanda energética tan elevada como en la del cachorro, así que es más fácil la predisposición al sobrepeso u obesidad (muy frecuente en gatos) si no estamos en un equilibrio energético neutro. Los gatos castrados pueden tener tendencia a aumentar algo de peso, así que debes de tenerlo en cuenta.

Alimentación para gatos séniores

Establecer las necesidades nutricionales de un gato en su etapa sénior (a partir de 10 años) es complicado, ya que suele tener una o más patologías que requerirán de una terapia nutricional concreta para mejorar su calidad de vida. A grandes rasgos podemos establecer algunos parámetros interesantes en la etapa sénior:

- La demanda energética se ve disminuida, debido también a que por dolencias o la simple edad no realizan tanta actividad física, así que un control energético a través del alimento es primordial para no empeorar la salud.
- Evitar dietas bajas en proteínas a no ser que el gato tenga alguna patología. Dietas basadas en proteína de calidad son muy necesarias para la correcta salud de un carnívoro estricto.
- Aumentar la fibra puede ser interesante si se ha disminuido la motilidad intestinal en gatos que son propensos al estreñimiento.
- El uso de antioxidantes naturales ayuda a combatir los radicales libres y retrasar el proceso de envejecimiento.

Pandemias silenciosas

Desde hace unos años en la clínica veterinaria estamos viendo con frecuencia una serie de problemas de salud directa o indirectamente ligados a la nutrición que no deberíamos ver en nuestros gatos. Es lo que he llamado pandemias silenciosas. Es curioso que veamos estas enfermedades emergentes de origen no infeccioso, cuando se supone que la gran mayoría de los gatos comen pienso, que es lo que «deberían» según las recomendaciones actuales. Compartimos muchas cosas con nuestros felinos, y también una serie de enfermedades que cada vez son más frecuentes en humanos, pero también en gatos. Aquí te dejo un listado de algunas, y que cada uno saque sus propias conclusiones sobre si puede o no haber relación directa o indirecta entre nutrición y estos problemas, ya que actualmente no se están haciendo estudios al respecto.

- sobrepeso y obesidad
- problemas bucodentales
- problemas renales
- problemas urinarios
- problemas digestivos (muchos)
- tasas de cáncer más elevadas
- diabetes
- problemas dérmicos

Mi recomendación

Antes de entrar en detalle de los diferentes tipos de alimentación, te diré que la alimentación natural (tanto cocinada, como cruda), aunque implique más tiempo para ti, siempre será más beneficiosa para la salud de tu gato que los alimentos procesados (pienso), ricos en harinas refinadas, aceites vegetales refinados y procesos de temperaturas muy elevadas en su fabricación. Todos estos ingredientes pueden generar una inflamación interna y ser (o no) responsables de algunos de los problemas que estamos viendo en los gatos.

¿Cada cuánto alimentarle?

Esta es una de las preguntas más frecuentes entre tutores: ¿Cuántas veces le tengo que dar de comer al día? ¿Se regulan solos? ¿Le doy en tomas? Y la respuesta es: depende, como todo. Influye el tamaño del animal, el tipo de alimentación, si hay o no patologías o condiciones especiales que requieren medicación...

Un error frecuente que se comete es pensar que la cantidad que te indica el envase, o la que calculas tú si das alimentación natural, se le tiene que dar en cada toma, pero no, la cantidad total de alimento que le toque hay que dividirla entre las veces que le demos de comer al día.

En el cuadro que tienes a continuación tienes algunos ejemplos para que te sirvan de orientación o guía de partida, aunque cada profesional te puede dar pautas distintas.

EDAD	TOMAS DIARIAS
gatos pequeños (hasta los 5-6 meses)	de 4 a 6
gatos jóvenes y adultos (a partir de 1 año)	2-3
gatos séniores	2-3 (a no ser que precisen de otras pautas por motivos médicos)

En el caso de los gatos adultos, si has optado porque su alimentación de base sea el pienso, puedes ponerle la ración total diaria y se suelen regular bastante bien ellos mismos yendo a picotear durante el día en pequeñas tomas. De no ser así, o en el caso de que le des alimentación natural que no puede estar ahí expuesta mucho tiempo, te recomiendo que le acostumbres a unas 3-4 tomas al día, aunque con 2-3 en el caso de gatos adultos suele ser suficiente.

El tener alimentación constante es cierto que suele reducir el estrés, pero recuerda que hay que tener en cuenta más factores aparte del tipo de alimentación, como el número de gatos y las particularidades de cada gato.

Neofobia alimentaria

Los gatos tienen una particularidad: son bastante neofóbicos a nuevas comidas. Esto quiere decir que la mayoría de ellos sienten rechazo a lo nuevo. En la sección de comida húmeda y comida natural, te daré algunos consejos para hacer que acepten comida nueva, pero el mejor consejo que te puedo dar si acaba de llegar un gato pequeño a casa es que le acostumbres a distintos tipos de comida de diferentes texturas y sabores (latas, carne, pienso, etc.). Esto te facilitará mucho el trabajo si en un momento dado le quieres cambiar el modelo de alimentación o por recomendación médica tienes que hacerlo.

Opciones de comida

En el gráfico que tienes a continuación verás los distintos tipos de comida que puedes ofrecer a tu gato. El pienso no es la única opción de alimentación. Es cierto que hay opciones mejores que otras, y las decidirás en función de muchos factores.

Hay muchas subcategorías que se pueden incluir en los distintos tipos, pero recuerda que la finalidad de este libro es que puedas aprender e interiorizar las cosas verdaderamente importantes sin perderte por el camino.

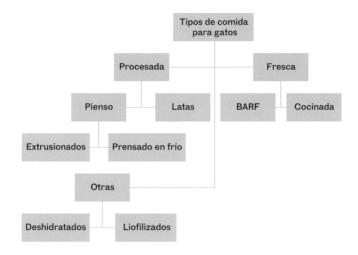

Capítulo 6

Alimentación altamente procesada

En este capítulo hablaremos del pienso, que es el modelo de alimentación más utilizado y cómodo para dar de comer a tu gato, pero no por ello quiere decir que sea la mejor opción, y si me sigues en redes sociales sabrás que no soy muy partidario de este tipo de alimentación, no al menos como se utiliza.

Para mí el pienso puede tener cabida y un uso concreto en determinados momentos, incluso temporadas, por diversas circunstancias, pero no tiene sentido alimentar a un ser vivo con un alimento tan procesado y en muchos casos con materia prima de baja calidad durante todos los días de su vida.

Seguramente la primera constancia que tenemos de la comida seca (pienso) para animales de compañía como la conocemos en la actualidad se deba a James Spratt, quien la ideó en el año 1850. Spratt era un electricista que en uno de sus viajes vio como la tripulación de un barco daba sobras de galletas a sus perros, por lo que una vez llegó a Nueva York se puso manos a la obra para crear comida para perros en forma de galletas.

Posteriormente, un veterinario. A. C. Daniels fue el primero en crear una comida comercial medicada para perros hacia 1880. Entre uno y otro fue el inicio de la industria alimentaria para perros y animales de compañía hasta hoy, que encontramos mucho marketing invertido en esta industria dada la gran acogida que ha tenido como modelo de alimentación.

Pros y contras del pienso

Podría hablarte largo y tendido sobre este tema, pero me centraré en explicarte algunos puntos concretos para que puedas tener una idea general de este modelo de alimentación y que no sea únicamente la de «está formulado por veterinarios» o «el pienso es lo más completo y equilibrado y es lo único que deben comer».

Pros

- Es muy cómodo: es tan sencillo como comprar el saco y simplemente ofrecerle la ración que le toque. No necesita de nevera ni elaboración, es fácil delegar esta tarea en cualquier persona en caso de que sea necesario; es rápido y no es engorroso.
- Es fácil de dosificar y ofrecer: en cada envase te viene indicada la cantidad orientativa según peso y edad y, salvo excepciones, esa suele ser la cantidad requerida energéticamente hablando.
- Cumple con los «requerimientos nutricionales» del gato. Si bien aquí podríamos hablar de cierta gama de grises, la formulación está hecha para cumplir unos mínimos requerimientos nutricionales para la especie de destino, aunque no tenga en cuenta las fuentes de las que proviene.
- Es fácil de conservar y transportar: no precisa de frío ni calor, se puede conservar en el propio saco y es fácil llevarlo allá donde lo necesitemos.

Contras

- Los procesos de fabricación son muy agresivos con los nutrientes, debido a que para fabricar la mayoría de los piensos del mercado se utiliza el proceso de extrusionado, que precisa de calor, presión y una fuente de hidratos de carbono. La temperatura a la que se someten las materias primas (llegan a los 140 °C e incluso más) es muy agresiva con los nutrientes, sobre todo con las vitaminas y minerales y por eso suplementan este tipo de alimentación, porque pierde mucho valor nutricional. Además, en este proceso de fabricación pueden aparecer sustancias poco adecuadas para la salud, como la acrilamida, por no decir que el organismo de tu gato no está preparado para asimilar esa cantidad de hidratos de carbono, y también puede sufrir contaminación por micotoxinas,[1] fallos en la formulación y otras contaminaciones por microorganismos.

- Está muy suplementado con aditivos para poder cubrir los requerimientos nutricionales. Como he dicho, el proceso de fabricación es agresivo con los nutrientes, y en muchas ocasiones la materia prima es de baja calidad, y si no se suplementa con nutrientes y vitaminas, no serviría para alimentarles únicamente con eso. Da que pensar que una alimentación que se supone que es la mejor precise de una larga lista de vitaminas y minerales suplementados para poder funcionar.
- Uso de harinas refinadas, aceites vegetales refinados, entre otros ingredientes, que en la evidencia científica en humanos (que es donde está estudiado) sabemos de sobra que no son buenos para el organismo, mucho menos ingerirlos de forma frecuente y abundante como hacen los gatos en cada bocado de pienso.
- Es comida seca. Teniendo en cuenta el origen desértico del gato común y que obtiene la mayoría de su hidratación a través de las presas, es un animal que no está preparado para beber toda la cantidad de agua que supone el alimentarse con una comida seca todos los días de su vida. Por eso en veterinaria siempre se hace hincapié en el consumo de agua de los gatos, ya que son muy propensos a padecer problemas urinarios y renales que están directamente relacionados con esto. Tal vez cambiar la ali-

mentación de base y quitar el pienso no sería ninguna locura dadas sus condiciones anatómicas y fisiológicas.

- Los piensos para gatos tienen una elevada cantidad de hidratos de carbono y este animal tiene una capacidad bastante limitada para digerirlos correctamente. Una cosa es que sean necesarios para que se pueda fabricar el pienso, pero estamos hablando de un carnívoro estricto, y en muchos piensos del mercado los primeros ingredientes son trigo y maíz.

¿Cómo hacer una correcta elección?

Olvídate de las alegaciones de beneficios para la salud del envase, del marketing, de las recomendaciones de calidad por ser de determinada marca, etc. La calidad del producto es la que determina la composición junto a la tabla de valor nutricional.

La normativa del pienso tiene aún muchos vacíos y laxitud, por lo que no están obligados a especificar muchas cosas en la etiqueta, pero aquí van algunas recomendaciones para que tengas las herramientas que te permitan hacer una buena elección. Son recomendaciones generales y para animales sanos, no obstante, recuerda que siempre hay que buscar lo que mejor le pueda funcionar a cada animal de forma individual.

- Escoge alimentos que utilicen términos lo más específicos posibles y descarta aquellos que utilicen términos demasiado genéricos o difíciles de entender. Por ejemplo: mejor que ponga pollo deshidratado que proteínas de aves deshidratadas; mejor que ponga grasa de pollo, que grasas animales.
- Los ingredientes siempre están en orden decreciente, es decir, los alimentos que están en las primeras posiciones son los que tienen más cantidad en el producto. Sabiendo que hablamos de un carnívoro estricto, escoge las opciones que incluyan carnes y/o pescados. Si tenemos dos composiciones y una empieza por «Trigo, harina de pollo y pavo» y la otra por «Carne fresca de pato, carne fresca de pavo...», quédate con la segunda.

- Hecha la ley hecha la trampa: la industria muchas veces desglosa un alimento en varios subproductos o componentes para que tengan menos peso en la fórmula. Por ejemplo, podemos encontrar: harina de maíz, gluten de maíz, maíz..., y aunque en la primera posición aparezca el pollo, si sumáramos todas las partes del maíz sería el ingrediente mayoritario en la fórmula.
- Si pone carne y subproductos, automáticamente descarta el producto. Esto no es nada específico, y dentro de los subproductos (categoría SANDACH), tanto puede ser que haya carne como vísceras, piel, pezuñas, espermatozoides..., y como la normativa no obliga a especificar qué utilizan, es imposible llegar a saberlo a ciencia cierta, cuando a nosotros nos interesa saber qué están comiendo nuestros gatos. No es que no haya alimentos catalogados dentro de subproductos que no sean interesantes a nivel nutricional, pero como no especifican qué usan, mejor descártalo.
- La carne puede aportarse de diversas formas, pero se centran en carne fresca y carne deshidratada. La clave es una mezcla de ambas, ya que la carne fresca, al final de todo el proceso, acaba disminuyendo a más de la mitad, por lo que ese porcentaje que te indican no es real. Por ejemplo, puede indicar "carne fresca de pollo 40 %", y al final del proceso quedar en realidad un 15 %, aproximadamente. La carne deshidratada también pierde, pero no tanto. Esto hay que mirarlo con perspectiva, puesto que puede llevar solo carne fresca, pero en muy elevada cantidad, 80 % por ejemplo, y que al final del proceso de fabricación aún esté quedando casi la mitad (por la pérdida de agua) o que sea carne fresca pero al ser un pienso no extrusionado utilicen varias carnes frescas que por tratamiento térmico perderán menos agua.
- Es importante que no tenga una cantidad de hidratos de carbono muy elevada (un 30 % de media), aunque siempre habrá para que el alimento se puede extrusionar (proceso de fabricación basado en cocer las materias primas a temperaturas, humedad y presión muy elevadas en poco tiem-

po). Los organismos que marcan los requerimientos mínimos de los diferentes nutrientes para nuestros animales no marcan ningún requerimiento nutricional mínimo de estos, aunque ronda aproximadamente un 20 % de sus necesidades. Te doy una fórmula para que sepas cuántos hidratos de carbono lleva un pienso mirando la tabla nutricional, ya que la normativa de la industria no les obliga a ponerlos.

> **Al número 100 le vamos a restar la suma de:**
> **% PROTEÍNA + % HUMEDAD (si no lo pone es un 10)**
> **+ % GRASA + % CENIZAS + % FIBRA**

Los cereales entran dentro de los hidratos de carbono, no son indispensables para su salud, sobre todo evita cereales como el maíz y el trigo. En caso de que contengan, que sea en pequeña cantidad. Los problemas cardiacos asociados a alimentos «sin grano» vienen realmente por un problema con el metabolismo de la taurina, debido a una mala formulación y, por tanto, un mal aprovechamiento de este aminoácido. Lo que quiere decir que el hecho de ser «sin grano» no hace que un alimento sea apto. Hay que vigilar igualmente que contengan gran contenido cárnico y baja cantidad de hidratos de carbono.

Extras como punto interesante que hay que tener en cuenta:

- Vegetales y frutas.
- Glucosamina y condroitina, que son condroprotectores para mejorar la salud articular.
- Evitar conservantes como BHA y BHT potencialmente causantes de cáncer, los cuales están permitidos en dosis bajas en los alimentos.
- Evitar colorantes y olores artificiales.
- Evitar una lista interminable de vitaminas sintéticas, ya que eso quiere decir que ha sido necesaria mucha suplementación para asegurar los requerimientos mínimos, y que la materia prima seguramente no era de gran calidad.

Transición entre pienso antiguo y nuevo

Los gatos que se alimentan de pienso están acostumbrados a comer exactamente siempre lo mismo de forma diaria, por lo que ni su organismo ni su microbiota intestinal suelen estar preparados para cambios bruscos de alimentación. En muchos casos si no se hace una transición del pienso antiguo al nuevo puedes ver que tu gato tenga un cuadro digestivo con diarreas y/o vómitos y malestar estomacal debido a este cambio brusco. Esto puedes evitarlo con unos días de transición, y, aunque hay diversos protocolos de actuación en función de si el animal es más o menos sensible, te dejo uno estándar para animales sanos que seguramente te será muy útil cuando lo necesites:

75 % ALIMENTO ANTIGUO
25 % ALIMENTO NUEVO

DÍA
1 a 5

50 % ALIMENTO ANTIGUO
50 % ALIMENTO NUEVO

DÍA
6 a 10

25 % ALIMENTO ANTIGUO
75 % ALIMENTO NUEVO

DÍA
11 a 15

100 % ALIMENTO NUEVO

DÍA
16

Una recomendación extra (que no obligatoria) es añadir probióticos unos días antes de empezar la transición y también durante, de esta manera los probióticos le ayudarán a que el proceso sea más saludable. Los puedes encontrar en cualquier clínica veterinaria o tienda para animales si buscas una opción de probióticos comerciales. Si quieres optar por un probiótico natural y casero los encontrarás en los capítulos de alimentación cocinada y alimentación BARF.

Si, por el contrario, tienes un gato que de normal todo lo que come fuera de su alimentación de base le sienta mal, cuando coge algo de comida «humana» enseguida se pone malo, o es de sistema digestivo sensible, en este caso te recomiendo que uses un protocolo más conservador. Este protocolo también lo recomiendo cuando usas un pienso que lleva menos tratamiento térmico y podríamos decir «más natural» (aunque natural no hay ningún pienso, pero para que me entiendas), como son los piensos prensados en frío. A veces al ser un cambio importante hay animales que no se adaptan bien y si haces una transición más lenta sí suele funcionar.

80 % ALIMENTO ANTIGUO
20 % ALIMENTO NUEVO
DÍA 1 a 7

60 % ALIMENTO ANTIGUO
40 % ALIMENTO NUEVO
DÍA 8 a 14

40 % ALIMENTO ANTIGUO
60 % ALIMENTO NUEVO
DÍA 15 a 21

20 % ALIMENTO ANTIGUO
80 % ALIMENTO NUEVO
DÍA 22 a 30

100 % ALIMENTO NUEVO
DÍA 31

Comida húmeda y otras opciones de comida procesada

La comida húmeda es más importante de lo que parece para la salud de nuestro gato, y, aun así, muchos profesionales la siguen viendo como un snack. La comida húmeda DE CALIDAD no es ningún snack, es una estupenda forma de alimentación que le aportará hidratación y más saciedad. Debido a que la mayoría de los gatos son alimentados con comida seca, sería ideal incluir al menos la mitad de su alimentación en forma de comida húmeda, le dará un respiro a su función renal y urinaria, y ayudará a prevenir este tipo de patologías frecuentes en gatos.

Hay dos tipos de comida húmeda (lo indica el fabricante en la lata):

- COMPLETA: quiere decir que puede sustituir al pienso en las temporadas que determines, ya que están formuladas para aportar todos los nutrientes necesarios. Puedes alimentar a tu gato con comida húmeda completa de calidad.
- COMPLEMENTARIAS: no pueden sustituir al pienso y se utilizan a modo de premio o para mezclar en pequeña proporción con el alimento seco.

¿Cómo dar ese 50% de pienso y 50% de comida húmeda?

Lo ideal y preciso sería que calculáramos los requerimientos energéticos del gato y luego la densidad energética de los productos. Esto a nivel individual está muy bien, pero implica (en la mayoría de los casos) hablar con el fabricante para que nos facilite datos sobre la densidad energética de su producto, y ser precisos con el estilo de vida de cada gato. Como se trata de facilitar las cosas, te explico cómo hacerlo:

1. Coge el saco de pienso que vas a utilizar y mira la ración diaria que le corresponde para el peso y actividad de tu gato. Pongamos que para un gato de 4 kg te dice que le corresponden 65 g al día.
2. Coge la comida húmeda COMPLETA de calidad que vas a utilizar y mira la cantidad que te indica al día. Supongamos el mismo gato de 4 kg y te dice 250 g al día.

> 65 g / 2 (solo daremos la mitad de pienso) =
> **32,5 g de PIENSO al día**
> 250 g / 2 (solo daremos la mitad de lata) =
> **125 g de HÚMEDA al día**
>
> Si quieres un 75 % de lata:
>
> 65 g / 4 = 16,25 g PIENSO   16,25 g PIENSO al día
> 250 g / 4 = 62,5 g HÚMEDA   →   62,5 g × 3 (del 75 %) =
>   187,5 g HÚMEDA al día

Tienes que mirar igualmente la composición del producto y comprobar que predomine el uso de ingredientes de origen animal y que sean claros y específicos. Lo bueno de la comida húmeda es que puedes encontrar buenas opciones que no contengan un elevado contenido en hidratos de carbono, debido a que como no hay un proceso de extrusionado no son necesarios en la formulación. Además, la comida húmeda es un recurso muy útil para hacer enriquecimiento con la comida, ayudar a positivizar ciertas acciones como el cepillado, la manipulación y el corte de uñas, por ejemplo, mientras come comida húmeda.

Consejos para que coman comida húmeda

Como he comentado, los gatos suelen tener bastante neofobia alimentaria e incluir comida húmeda puede ser una odisea, así que aquí te dejo unos trucos que te ayudarán:

- Ejercicio: si un rato antes de darle la comida húmeda aprovechas para ejercitarle (con una caña para gatos, por ejemplo), tendrá más hambre y será más fácil que la coma.
- Hambre: puedes jugar un poco con el hambre para hacer que coma, pero no es conveniente que los gatos ayunen muchas horas si tienen un exceso de peso.
- Textura: en trozos, mousse, paté... prueba cuál es la textura y sabor que más le gusta, hay muchas en el mercado.
- Temperatura: a los gatos no les gusta consumir alimento frío, sino a una temperatura templada (37-38 °C). Dale un punto de calor en el microondas.
- Levadura de cerveza: espolvorea un poco por encima de su comida, ya que les gusta mucho.
- Mezcla con alguna lata de mala calidad al principio: estas latas suelen tener más potenciadores del sabor y olores artificiales. Empieza mezclando la comida húmeda de calidad con una peor y poco a poco ve eliminando la mala y quedándote con la de calidad.

Conservar el pienso

Se habla poco de cuál es la forma correcta de almacenar el pienso, ya que, al ser un contenido con muy poca cantidad de agua, es más difícil (pero no imposible) que se contamine por microorganismos patógenos. Para contaminar los alimentos, es necesario que estos microorganismos contengan agua disponible en su interior; por eso la congelación es un buen método de conservación, puesto que al congelar el agua, esta no está disponible, y lo mismo pasa cuando son productos con bajo contenido en humedad, como es el pienso.

¿De qué debemos resguardarlo? Del sol, de la humedad, del aire y de insectos y pequeños animales. ¿Cómo podemos guardarlo? Los envases grandes son más económicos, pero implican un mayor riesgo de ser afectados por alguno de los casos anteriores, sobre todo por el aire y la humedad, que deteriorarán el producto produciendo enranciamiento y floriduras, entre otras cosas. Para conservarlo adecuadamente necesitas:

1. Un contenedor opaco y hermético: esto es lo básico y la primera barrera de conservación. Lo protegerá mucho mejor de la posible humedad y contaminación, debido a que es más difícil que tenga agujeros (como podría tener el saco de origen).
2. Dividirlo en envases más pequeños: al no estar abriendo y cerrando siempre el mismo envase durante mucho tiempo, el producto se enrancia menos, ya que entra menos veces el aire y la humedad. Puedes usar táperes o cajas de almacenamiento opacas.
3. Congelar en caso de alergia a los ácaros: hay gatos con alergia a los ácaros del polvo, y sí, el pienso se puede congelar (puedes usar bolsas de congelación o táperes) y está indicado hacerlo si el gato tienen este problema.

Los veterinarios somos los únicos profesionales de la salud que recomendamos antes una alimentación basada en comida altamente procesada que una alimentación basada en comida de verdad. ¿Te imaginas a un nutricionista o un médico diciendo que te alimentes con comida precocinada en todas las comidas y días de tu vida?

Capítulo 7

Alimentación natural cruda (BARF)

La alimentación natural cruda, más conocida como dieta BARF (por sus siglas en inglés: Biologically Appropiate Raw Food) o ACBA (Alimentos Crudos Biológicamente Adecuados), consiste en brindar una alimentación lo más ancestral posible teniendo en cuenta que, aunque los gatos han sufrido cierto proceso de domesticación (menor que el perro), el pienso solo existe desde hace unos 150 años, por lo que un sistema digestivo no puede hacer ese cambio evolutivo para hacer un cambio tan drástico de modelo de alimentación. A pesar de que los gatos llevan muchos años con nosotros, no han perdido su condición de carnívoros. Por tanto, la alimentación BARF pretende brindar alimentos crudos como los que consumirían ellos si les dejáramos, pero mejorando algunos aspectos, como ofrecer una dieta más equilibrada y con mayor control sobre los microorganismos patógenos que puedan existir en alimentos crudos (se utilizan alimentos aptos para consumo humano y previa congelación siempre).

Pros y contras de la alimentación cruda BARF

Pros

- **Alimentación con comida de verdad,** por lo que, al obtener el gato los nutrientes de los propios alimentos, tenemos que suplementarlo menos de forma artificial.
- **Mayor control de los alimentos que le brindamos,** ya que en muchos casos se hace en casa o las etiquetas de la composición son claras y sencillas de entender.
- **Mayor energía y vitalidad.**[1] La mayoría de los alimentos ultraprocesados (pienso) llevan una cantidad muy elevada de hidratos de carbono para abaratar costes. Esto provoca en el gato un aumento de la glucosa en sangre, dificultando la concentración y la atención y a la larga ocasiona gatos que están más apáticos. Una alimentación BARF no es que proporcione más energía, sino que recuperamos la energía real que tendría tu gato con una nutrición adecuada. ¿Verdad que si tú no comes de manera adecuada repercute en tu vitalidad y energía?
- **Heces más pequeñas y con menos olor** debido a un mayor aprovechamiento de los alimentos y nutrientes. Aunque parezca un beneficio menos significativo, tiene dos puntos importantes: el primero para ti, puesto que somos los encargados de recoger las heces del gato en el arenero, así que se agradece recoger heces más pequeñas y que huelan menos. El segundo punto está relacionado con la digestibilidad. La alimentación BARF es altamente digestiva, es decir, que se aprovecha en gran cantidad todo lo ingerido, y de ahí que las heces se vuelvan más pequeñas, debido a que el organismo ha aprovechado gran cantidad de la comida que ha ingerido.
- **La proteína animal de calidad** como la que se puede encontrar en una alimentación cruda bien formulada es altamente digestible para nuestro gato.

- **Mejoras evidentes en pelaje y en animales con problemas dérmicos.** Las dolencias de piel pueden suponer una dificultad para nuestros gatos, bien sea por reacciones adversas u otros desórdenes. Es obvio que una alimentación altamente procesada como el pienso, con gran cantidad de aditivos en muchos casos y un alto grado de procesamiento, hace que el organismo del gato reaccione de manera adversa a algunos de estos componentes. La inclusión de solo un 20 % de alimentación cruda (BARF) en su alimentación disminuye los problemas dérmicos y la piel atópica en el caso de los perros, por ejemplo. Además, en madres alimentadas con comida BARF se ha visto disminuir la prevalencia de estos problemas en su descendencia gracias a la nutrigenómica. Si solo con un 20 % en el caso de un carnívoro facultativo como el perro ya mejoramos estos problemas, quizá un 100 % ayudaría tremendamente a muchos animales con problemas de piel[2] y más teniendo en cuenta que el gato es un carnívoro estricto.
- **Menor sarro y mal aliento.** El pienso y, sobre todo, los hidratos de carbono caramelizados incluidos en el pienso hacen que se forme sarro en los dientes. En función del tamaño de la croqueta y del uso de masticables, esto se puede ir manteniendo, porque el trabajo de masticación (limpieza dental), junto a un alimento bajo en hidratos de carbono altamente procesados, hace que se acumule menos sarro. Cuando se da una alimentación BARF entera (sin picar), hay un trabajo de masticación.
- **Microbiota intestinal más saludable y fuerte.** La microbiota intestinal, como he comentado, es el conjunto de microorganismos (entre ellos bacterias) presentes en el intestino que se encargan de, entre otras cosas, el aprovechamiento de los nutrientes y hacer frente a bacterias y patógenos. También está relacionada con muchas patologías y la salud en general de tu gato. La composición de la dieta influye en esta microbiota[3] y productos finales de la fermentación. Una dieta cruda promueve un crecimiento más equilibrado de las comunidades bacterianas y un

cambio positivo en las lecturas de las funciones intestinales sanas en comparación con un pienso extrusionado,[4] según estudios en perros. Lo que, resumiendo, quiere decir un intestino más sano, mejores digestiones y mayor aprovechamiento de los nutrientes. Además, esta dieta es especialmente adecuada para gatos con problemas digestivos, como la enfermedad inflamatoria intestinal felina.[5]

- **Mejora de la condición corporal y mayor masa muscular.** No hay mayor evidencia científica que esta. Para que un animal se encuentre en un peso correcto es necesario un equilibrio energético en el organismo. Si el organismo ingiere más de lo que gasta estará en balance positivo y repercutirá en un aumento de peso; si, por el contrario, ingiere menos de lo que gasta, se encontrará en un balance negativo y repercutirá en una disminución de peso. Por tanto, es importante tanto el alimento ingerido como la actividad física. La alimentación rica en proteínas[6] de calidad (como podría ser la BARF) ha demostrado mejoras en la reducción y control de peso y, obviamente, una mayor masa muscular. El uso de ciertos ácidos omega 3 también ayuda en la disminución de la obesidad.[7] Todo esto provoca la disminución de los depósitos de grasa. Además, al retirar gran cantidad de los hidratos de carbono altamente procesados, el organismo alcanza con mayor eficiencia el balance energético neutro.

- **Menos cantidad de AGE en el organismo.** Los AGE (productos finales de la glicación avanzada) son compuestos que consisten en restos de azúcar y proteínas y se originan a partir de intermedios del metabolismo de la glucosa o de la dieta. Los alimentos altamente procesados como el pienso, al tratarse con altas temperaturas, desencadenan una reacción de glicación no enzimática conocida como Maillard que conduce a la formación de AGE en la dieta, y se ha visto que animales alimentados con dietas crudas ingieren y excretan menos AGE.[8] Estos AGE se han asociado con mecanismos de desarrollo de algunas patologías como nefropatías asociadas a diabetes mellitus,[9] enfermedad macrovascular,[10] enfermedad de Alzheimer,[11] entre otras, por lo que la recomendación es controlar la ingestión de la cantidad de AGE en la dieta.

Contras

- **Mayor riesgo de contaminación con microorganismos.** Al manipular alimentos crudos, es necesario que tengas buenas prácticas tanto de higiene en la manipulación, como en la conservación. No necesitas un obrador, ya que manipulas alimentos crudos en tu cocina de forma diaria, pero sí debes limpiar y desinfectar bien las superficies y utensilios usados, congelar los alimentos crudos, y no mezclar alimentos crudos y cocinados para su conservación.
- **Hay que invertir más tiempo en prepararlo.** Hoy en día existen marcas de alimentación BARF comercial de buena calidad, que ahorran el tiempo en la compra y preparación, pero debes tener en cuenta que te saldrá algo más caro que si la preparas tú. Es una elección personal en función de tu economía y tiempo.
- **Riesgo de desequilibrios nutricionales si no se realiza correctamente.** Como cualquier tipo de alimentación o dieta, si no está correctamente equilibrada puede provocar desequilibrios nutricionales. En animales adultos estos suelen ser más notorios a medio o largo plazo, pero en cachorros o gatos con patologías pueden ser evidentes a corto plazo. Por eso es importante que al escoger la alimentación lo hagas asesorado para no crearle problemas a tu gato.
- **Puede ser más costosa** si no dispones de espacio en el congelador para almacenar cierta cantidad que te permita aprovechar ofertas, o si no te mueves para buscar los mejores precios.
- **Requiere de tiempo y mucha paciencia** para conseguir un cambio de alimentación completo, en función del nivel de neofobia alimentaria que presente el gato.

Cómo hacer una correcta alimentación BARF

Como este tema da para otro libro, en este capítulo te haré solo una introducción general de en qué consiste y cómo se hace la alimentación BARF. Si es de tu interés puedes buscar asesoramiento o ampliar la información posteriormente.

Hacer una alimentación BARF no es complejo, pero sí requiere de una serie de normas y conceptos para hacerlo de la forma correcta. Sin duda haciéndola bien es una genial opción para tu gato y así lo veo en redes sociales y con mis pacientes felinos. Si no vas a poder hacerlo correctamente, te recomiendo seguir usando otro tipo de alimentación que te asegure cubrir sus requerimientos nutricionales, aunque no sea tan saludable.

Qué incluye un plato de BARF

La alimentación BARF es una alimentación variada, fresca y cruda. Dentro de esta variedad hay cuatro elementos clave (hablamos siempre de animales sanos, ya que si se trata de animales enfermos pueden surgir variaciones) que conformarían su plato de comida:

1. la carne y el pescado
2. los huesos carnosos
3. las vísceras
4. los vegetales

Carne

Como carnívoro estricto, el gato obtiene los nutrientes de fuentes de origen animal. A diferencia del perro consume en estado natural presas más pequeñas que en proporción hace que tengan menos volumen de huesos carnosos, por lo que la base de la dieta del gato es la carne muscular. Es importante que a esta carne no le retires la grasa, pues es fuente de energía, y retirarla es uno de los fallos más comunes.

Todas las recomendaciones son para gatos sanos y sin patologías (al igual que toda la guía). Priorizaremos el consumo de carnes blancas, introduciendo una vez a la semana o de forma rotacional la carne roja.

BLANCAS	Pollo	Pavo	Conejo	Mollejas	
BLANCAS / ROJAS SEGÚN EDAD	Cerdo		Cordero		
ROJAS	Ternera	Caballo	Avestruz	Pato	Buey
ESPECIALES*	Tripa verde	Corazón	Lengua		

* Se consideran «carne», aunque no lo sean como tal.

Corazón y taurina

Una de las diferencias más importantes entre perros y gatos respecto a la alimentación es la taurina. La taurina es un «aminoácido» esencial para los gatos y no son capaces de sintetizar toda la necesaria, por eso deben ingerir alimentos que contengan taurina. Es vital en la alimentación para el correcto funcionamiento del músculo cardiacos, la visión, el sistema digestivo... La naturaleza es sabia y las fuentes con mayor cantidad de taurina son los tejidos animales, y el gato, como carnívoro estricto, obtiene la taurina de estos. Ahora bien, como nuestro gato no está cazando sus presas, sino que le ponemos la comida en el plato, debemos incorporar en su dieta alimentos ricos en taurina.

Con una alimentación cruda no suele ser necesaria la suplementación con taurina (no está de más si lo haces), pero en el caso de que cocines los alimentos es OBLIGATORIO añadirla al final del proceso.

El corazón es un órgano muy rico en taurina, y por eso se incluye como un alimento fijo en la alimentación BARF para gatos; no obstante, no quiere decir que sea el único alimento de origen animal con presencia de taurina.

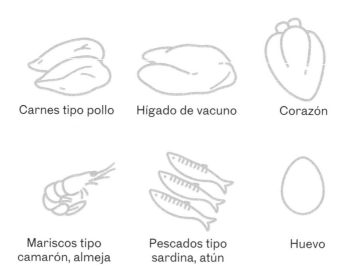

Carnes tipo pollo   Hígado de vacuno   Corazón

Mariscos tipo camarón, almeja   Pescados tipo sardina, atún   Huevo

Huesos carnosos (HC)

Los huesos carnosos son necesarios en la dieta cruda de un gato, ya que son la fuente principal de calcio (también aportan fósforo), otros minerales, proteínas, grasas y vitaminas. Satisface una necesidad innata del gato: masticar. Los huesos deben ser crudos y estar bien recubiertos de carne (aproximadamente un 50 % carne – 50 % hueso). El hecho de que estén crudos nos asegura que el hueso no ha perdido su flexibilidad natural (que sí pierde al administrarle calor) y la carne que lo recubre nos asegura un correcto paso por el esófago sin problemas.

¿Y no causan obstrucciones? Los huesos que causan obstrucciones o perforaciones son en la gran mayoría HUESOS COCINADOS. Nunca debes dar a tu gato huesos cocinados (da igual si llevan carne o no). Otros problemas vienen por no haber hecho una transición adecuada: el sistema digestivo no es capaz de digerirlos correctamente. Otro motivo de posibles dificultades es querer ir demasiado deprisa y dar HC «nivel avanzado». A partir de aquí y siguiendo las pautas de transición y aprendizaje, no conlleva mayor riesgo que otras acciones del día a día (he recibido más de un mensaje de perros y gatos atragantados con pienso, aunque te parezca mentira).

Recuerda que el riesgo 0 NO EXISTE, ni con este tipo de alimentación ni con ningún otro.

Para que sepas cuáles son los huesos mejores o peores para empezar, te pongo aquí unas imágenes de los diferentes niveles (recuerda siempre que cada gato es un mundo y hay que adaptarse). En el caso de que optes por HC triturados puedes utilizar cualquier opción, ya que no hay más dificultad. Muchas veces me preguntan si se pueden dar presas más pequeñas como pájaros, ratones, etc. (muertas, obviamente): siempre que sean presas controladas (hay empresas que las venden) y congeladas previamente sí pueden incluirse como presa entera.

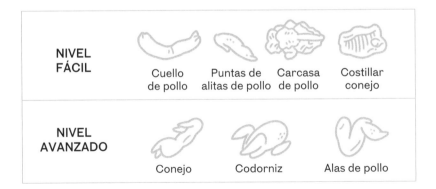

NIVEL FÁCIL	Cuello de pollo	Puntas de alitas de pollo	Carcasa de pollo	Costillar conejo
NIVEL AVANZADO	Conejo	Codorniz		Alas de pollo

Cosas que debes saber sobre los HC:

- Si utilizas carcasas de pollo para empezar, es importante que estén bien recubiertas de carne. Lo mejor es comprar el pollo entero y separar nosotros las partes para asegurar que no están muy peladas.

- Si puedes, utiliza unas tijeras de carnicería y corta los huesos carnosos en trozos más pequeños.
- Al principio se les puede aguantar con la mano (ojo con los dedos) para ayudarles a que mastiquen un poco.
- A más grande la especie de consumo, más duro el hueso.
- Elige un tamaño de hueso carnoso que le «obligue» a masticar un poco.
- Si no te sientes seguro, puedes empezar dándole huesos carnosos triturados. Lo ideal es enteros (para satisfacer las necesidades comentadas y la higiene dental), pero lo importante es que te sientas cómodo. Puedes comprar una picadora de al menos 1.900 W para picar huesos carnosos sencillos (codorniz, conejo, pollo...). Si no, siempre puedes comprarlos ya picados en webs de alimentación natural.
- Si por algún motivo no le sientan bien, hay suplementos en el mercado para suplir los nutrientes del HC en su alimentación (harina de huesos, cáscara de huevo, etc.). Ten en cuenta, que los porcentajes del resto de los alimentos se verán modificados, así que te recomiendo que contactes con un profesional si tienes dudas.
- Los conejos (sobre todo) y codornices muchas veces son utilizados como «presa entera» (HC + carne), es decir, solo habría que añadir la parte correspondiente de las vísceras (si no las lleva) y vegetales, si le pones. Pero ten en cuenta que les estriñe si se utiliza como HC + carne, por eso en la mayoría de los casos se suele utilizar directamente como HC, simplemente.

¿Por qué es importante hacer la transición, como se explica más adelante?

- El pH estomacal de un gato alimentado con pienso no tiene su pH ácido original, y pretendemos conseguir que lo recupere.

- Le damos tiempo tanto al gato como a su organismo para que se adapte a la nueva alimentación.
- Nos permite evaluar cómo le están sentando los huesos y los otros alimentos.
- Si tienes un gato sénior o con pocos dientes, no obligatoriamente tiene que consumirlos triturados, pero es muy probable que con el tiempo lo tengas que hacer.

Vísceras

Aunque en pequeño porcentaje, las vísceras son muy necesarias como aporte vitamínico y de oligoelementos en la alimentación BARF.

El porcentaje de vísceras se divide en dos: un 5 % de hígado (cambiando la especie) y un 5 % de otra víscera (que iremos rotando).

A veces por la textura o el sabor es una parte de la alimentación que les cuesta a algunos gatos. Te doy algunos trucos:

- Dáselas cocinadas y poco a poco ve reduciendo la cocción hasta el crudo o semicrudo.
- Mézclalas y tritúralas con otro alimento.
- Utiliza un poco de caldo de huesos para cambiar el sabor.

VÍSCERA FIJA 5 %

hígado

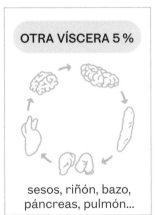

OTRA VÍSCERA 5 %

sesos, riñón, bazo, páncreas, pulmón...

Vegetales

Como el gato es un carnívoro estricto, incluir vegetales en su alimentación es opcional. La forma mayoritaria de ingestión de material vegetal de un gato procedería del contenido estomacal de sus presas. Estos le aportarán fibra, vitaminas, antioxidantes, una parte de energía procedente de los hidratos de carbono y minerales, entre otras cosas. La fuente de fibra también pueden obtenerla a través del pelo y pluma de la presa, no obstante, en los gatos caseros esto no sucede, por eso recomiendo incluir un pequeño porcentaje de vegetales en su ración. Los alimentos ricos en antioxidantes ayudan a combatir los radicales libres, que son responsables del envejecimiento prematuro, alteraciones del ADN, enfermedades cardiovasculares...

Para asegurar una correcta variedad, utiliza verduras de temporada (evita las que estén prohibidas para los gatos) y sin abusar de las que son ricas en oxalatos. Se puede incluir un pequeño porcentaje de frutas dentro de este 5 % de la dieta, pero siempre hay que dar más peso a los vegetales.

La manera en que les ofrecemos frutas y verduras es importante para facilitar la digestión y el aprovechamiento. La gran mayoría de los vegetales ingeridos provienen del estómago de su presa, por lo que ya ha habido una predigestión de esos vegetales. ¿Cómo replicar esta predigestión cuando preparamos nosotros la comida en casa?

- Ralla los vegetales.
- Haz puré.
- Cuece al vapor.

¿Qué pasa con el pescado?

El pescado es una fuente de proteína dentro de la alimentación, aunque no debería sustituir a la carne. El pescado blanco se usa en muchos casos para gatos más sensibles de estómago (sobre todo en transición), no obstante, los que más nos interesan dentro de la alimentación BARF son los pescados azules, principalmente por dos motivos:

- Aporte de ácidos grasos omega 3 en la dieta. El omega 3 es un ácido graso antiinflamatorio y es necesario para compensar el omega 6 (proinflamatorio) presente en las carnes.
- Aporte de vitamina D, ya que los gatos como carnívoros necesitan el aporte de vitamina D a través de la alimentación y algunos pescados son una buena fuente de esta.

Es preferible escoger pescados azules pequeños, debido a que acumulan menos metales pesados que los grandes. En caso de utilizar salmón, es mejor que sea salvaje que de piscifactoría.

En cuanto a la cantidad, lo ideal sería 1 o 2 veces a la semana. Podemos optar por dar una ración única de pescado entero, como boquerón (sería HC + CARNE) y añadir las vísceras y los vegetales. Yo no suelo limpiar el pescado, simplemente lo congelo, pero a muchos gatos las vísceras del pescado les sueltan la tripa. No olvidemos que en caso de contaminación por anisakis (es necesario congelar el pescado a −18 °C una semana si va a consumirse crudo), en las vísceras es donde hay mayor parasitación.

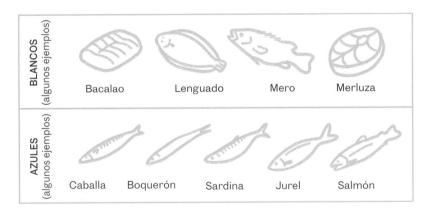

BLANCOS (algunos ejemplos)			
Bacalao	Lenguado	Mero	Merluza

AZULES (algunos ejemplos)				
Caballa	Boquerón	Sardina	Jurel	Salmón

Cantidad de ración

Sabiendo la cantidad total de comida que debe ingerir nuestro gato, podremos calcular luego la cantidad de cada alimento que llevará su ración. Hay fórmulas más precisas y complejas utilizadas en nutrición para calcular los requerimientos energéticos de un animal en función de varios parámetros, pero como se trata de hacerlo fácil y sencillo vamos a recurrir a porcentajes según el peso.

Cantidad diaria para cachorros

EDAD DEL GATO	CANTIDAD DE RACIÓN
destete hasta los 2 meses	10 % del peso vivo*
de 3 a 4 meses	8 % del peso vivo
de 5 a 6 meses	6 % del peso vivo

* Cuando hago referencia a peso vivo quiere decir peso *in situ* en el momento.

En el caso de los cachorros, el cálculo se va haciendo en función del peso del momento presente junto a la progresión de su edad (por lo que debes ir pesándolo cada tantos días para recalcular), pues sus requerimientos, conforme van creciendo van disminuyendo en proporción (no se necesita el mismo gasto para crecer que para mantenerse). Veamos un ejemplo:

> **EJEMPLO:**
> Gato común europeo de 4 meses peso 1,8 kg:
> 1,8 kg × 0,08 (es el 8 %) = 0,144
> 0,144 × 1.000 (para pasarlo de kilos a gramos) = 145 gramos
>
> **Este animal debería de comer ahora mismo
> 145 gramos al día de comida total, repartidos
> en al menos en 3 tomas.**

Son porcentajes orientativos, y cada animal presenta sus individualidades. Podemos subir o bajar un poco en función de si el cachorro adelgaza o engorda demasiado (recuerda evaluar la condición corporal). Además, hay que tener en cuenta que aunque en gatos no hay tanta variabilidad racial respecto al tamaño, también es algo para tener en cuenta. Así que, como siempre, es importante que observes a tu gato. Piensa que el gato común europeo llega al tamaño adulto entre los 6-12 meses máximo.

Cantidad diaria para gatos adultos

Son porcentajes orientativos o de partida y, al igual que con los cachorros, hay que adaptarse a cada gato e ir subiendo o bajando hasta que demos con el porcentaje con el cual ni engorda ni adelgaza. No quiere decir que, por ejemplo, un gato que sale al exterior no consuma un 3 %, como un gato que no sale de casa, pero como norma general algunas características del gato hacen que sea demandante de una mayor cantidad de alimento.

EDAD DEL GATO	CANTIDAD DE RACIÓN
castrados, sedentarios, séniores	3 % del peso
con actividad media	4 % del peso
actividad alta, nerviosos, gatos *outdoor*	5-6 % del peso

EJEMPLO:
Gato adulto de 4 kg con una actividad baja:
4 kg × 0,03 (es el 3 %) = 0,12
0,12 × 1.000 (para pasarlo de kilos a gramos) = 120 gramos

Este animal debería de comer al día 120 gramos de comida, a ser posible repartida en 3 tomas.

Si necesitamos subir o bajar el porcentaje, no es necesario que saltemos del 3 al 3,5 o al 4, hay muchos decimales entre medio para ir probando, así que si con un 3 % está por debajo de una condición corporal de 3 (ver tabla más adelante), pues probemos a subir al 3,2 y vamos viendo si funciona o es necesario subir más. Y una vez sabemos el porcentaje total de ración, hay que calcular el porcentaje de cada parte de las que constituyen un plato.

Hay diversos autores partidarios de la alimentación cruda (algunos incluso antes de que apareciera el pienso en el mercado) y cada uno tiene sus preferencias. Algunos recomiendan una dieta con cereales, otros sin cereales..., pero lo que más cambia entre los autores es la cantidad de HC (hueso carnoso). Los porcentajes más utilizados en España son los de la vertiente del doctor Ian Billinghurst (entre otros), en la cual el HC es el pilar del plato y la alimentación.

Aquí te explico los porcentajes con los que trabajo yo, que son los que mejor me han funcionado en la mayoría de los gatos. No obstante, estos porcentajes no son cerrados, así que puedes subir o bajar (lo que suele hacer falta retocar es el HC) algunos de ellos, hasta que des con el que le va bien a tu gato. Y te recuerdo que lo indicado es que pidas asesoramiento personalizado con un profesional.

Transición a la alimentación BARF

Hay varias formas de hacer la transición del pienso a la alimentación BARF, con sus pros y contras cada una, por eso quiero recomendarte directamente la que bajo mi punto de vista ofrece más pros y suele funcionar bien en la mayoría de los gatos. Se trata de la transición con dieta blanda. ¿Por qué me parece la mejor opción?

- Permite que el organismo se acostumbre progresivamente al cambio de alimentación.
- Ayudamos a que el pH del estómago recupere su acidez original.
- La microbiota va desarrollándose y adaptándose a los nuevos alimentos.

- Se introducen los alimentos uno a uno, lo que permite una evaluación de la digestibilidad y qué tal le sientan al gato los nuevos.

La dieta blanda consiste en una proteína, que suele ser pollo o pavo porque son de fácil asimilación, y un vegetal, que suele ser la calabaza, por su apoyo a la función intestinal, o zanahoria. Este tipo de dieta te será de ayuda cuando tenga mal la barriga y debas facilitarle la digestión, así que recuérdala.

Hay gatos que no necesitan muchos trucos y si solo les ofreces carne cruda ya les gusta; así que genial, menos problemas para ti. En este caso te aconsejo que hagas una transición mínima, al menos para ir acostumbrando su organismo a la nueva alimentación. Como ya tienes calculados los gramos totales diarios, habrá que distribuirlos de la siguiente manera:

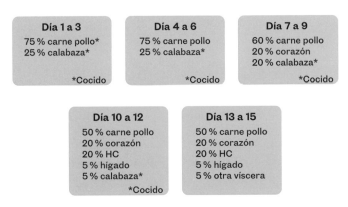

Día 1 a 3
75 % carne pollo*
25 % calabaza*

*Cocido

Día 4 a 6
75 % carne pollo*
25 % calabaza*

*Cocido

Día 7 a 9
60 % carne pollo
20 % corazón
20 % calabaza*

*Cocido

Día 10 a 12
50 % carne pollo
20 % corazón
20 % HC
5 % hígado
5 % calabaza*

*Cocido

Día 13 a 15
50 % carne pollo
20 % corazón
20 % HC
5 % hígado
5 % otra víscera

Qué hacer con los gatos reacios a este sistema de transición tan rápido

1. Raciona el alimento

Hay dos formas de ofrecer el alimento: por tomas y *ad libitum* (libre disposición). Debido al patrón alimentario del gato, muchos se alimentan *ad libitum* y se suelen regular bastante bien. Esto en BARF no es posible, debido a que por temas higiénicos no podemos dejar alimento crudo fuera de la nevera todo el día. Por tanto, si le estás dando alimento a libre disposición, lo primero es acostumbrarlo progresivamente a que el alimento se le va a dar 3-4 veces al día. En 4 veces es lo ideal y se puede compaginar bien con la mayoría de estilos de vida.

2. Elimina el pienso de su vida

Y cuando hablo de eliminarlo quiero decir sacarlo de casa. Los gatos no son tontos y si está guardado en algún sitio, saben dónde está y el olor les llega igual, así que lo ideal es sacarlo de la casa. Aquí partimos de dos puntos: Si a tu gato le gusta la comida húmeda, puedes pasar a alimentarlo con comida húmeda completa de calidad y eliminar totalmente el pienso. Si no le gusta mucho la comida húmeda, primero tendrás que ir haciendo el cambio de pienso a comida húmeda progresivamente para que lo vaya tolerando. Puedes ofrecer una de sus tomas en comida húmeda e ir aumentando la cantidad de húmeda y quitando la de pienso.

3. Ve introduciendo alimento crudo en la húmeda

Ve introduciendo pequeños trozos de alimento crudo mezclado con la lata. Al principio puedes dejar al lado del comedero un trocito para que vaya haciendo una asociación positiva. Si lo tolera bien, puedes pasar a darle una ración de BARF y el resto de comida húmeda e ir aumentando progresivamente las raciones y cantidad de BARF y disminuyendo la de la comida húmeda.

Deja que el gato marque el ritmo y, sobre todo, es importante no estresarte, ya que entonces estresarás al gato y será peor. Piensa trucos que puedas utilizar. Muchas veces hay un alimento o condimento que al gato le vuelve loco, pues aprovéchalo para ayudar a que se coma la ración de BARF si le cuesta. El truco del «rebozado» se utiliza mucho para aquellos gatos a los que les cuesta hacer la transición a la dieta cruda. Consiste en que tritures un poco de su pienso y reboces ligeramente la comida cruda ahí. Si es efectivo, poco a poco ve retirando el «rebozado».

4. Paciencia

No te quiero quitar la ilusión, pero sí ser realista, en muchos gatos este cambio cuesta y lleva mucho tiempo, así que es importante que tengas paciencia y que no fuerces la nueva comida y el cambio para que no sea peor.

El cuarteto vital en BARF

1. Individualizar

Cada animal es un mundo, así que las recomendaciones generales y para gatos sanos citadas en la guía puede que no se adapten al tuyo. Debes ir investigando aquellos porcentajes y alimentos que le sientan bien y se adaptan a tu caso. Si lo necesitas pide ayuda a un profesional.

2. Congelación

La carne y el pescado deben comprarse en sitios aptos para consumo humano, aun así, es muy importante congelarlos SIEMPRE. La congelación destruye posibles parásitos, aunque depende de la temperatura y el tiempo de congelación. No quiero pecar de excesivo, pero lo ideal sería 3 semanas a −18 −20 °C.

La congelación no destruye las bacterias, pero es bacteriostática, esto quiere decir que es capaz de ralentizar su crecimiento y en muchas ocasiones detenerlo. En el caso de que haya una pequeña población bacteriana, sumado a las defensas propias del gato (pH estomacal ácido que destruye la mayoría de las bacterias, e intestino corto para expulsar rápidamente los alimentos) no supone ningún tipo de problema en gatos sanos.

No rompas la cadena de frío cuando compres alimentos y prepara las raciones para congelar lo antes posible (no lo dejes en la nevera días). Descongela en la nevera con anterioridad (con 24 horas antes suele ser suficiente) y se sirve a temperatura ambiente.

3. Higiene y limpieza

Es importante tener una buena higiene con la preparación de los alimentos, con los comederos y bebederos del gato. Limpia y desinfecta los utensilios utilizados cuando hayas preparado la comida y no te olvides de lavar su comedero cada vez que coma. Te recomiendo que tengas una tabla y utensilios de corte que solo utilices para preparar su comida.

4. Grupos de riesgo

Personas inmunodeprimidas, bebés, embarazadas y personas mayores son grupos de riesgo, por lo que hay que tomar precauciones extras, como el uso de guantes al manipular alimentos crudos. En algunos casos puede ser aconsejable una dieta ligeramente cocinada para el animal, sobre todo en personas inmunodeprimidas las cuales por sus enfermedades son más vulnerables al contacto con microorganismos en comparación con una persona normal, y obviamente manipulamos alimentos crudos, que, aunque puedan contener una pequeña parte de microorganismos irrelevantes para el organismo de un carnívoro facultativo como el gato, es una medida de protección extra para la persona.

Pros y contras: BARF comercial vs. casera

Hoy en día existen marcas de BARF comercial que te ofrecen los menús hechos: algunas te venden las partes por separado para que confecciones tú los platos en casa.

En la tabla comparativa que hay a continuación te indico las diferencias que existen entre ambas opciones para que tomes una decisión. Yo recomiendo empezar por una marca comercial para hacer este cambio de alimentación, ya que son menos cosas de las que preocuparte y, más adelante, hacerla tú en casa.

BARF CASERO	BARF COMERCIAL
mayor control de la materia prima	menor control de la materia prima
mayor capacidad de alteración	menor capacidad de alteración
congelación	ultracongelación normalmente
necesarios conocimientos mínimos	no necesarios conocimientos mínimos
se necesita más tiempo	se necesita menos tiempo
más económico	más caro
hay que tener más control del equilibrio	todo «equilibrado»

Material necesario para BARF

El material que necesitas para hacer alimentación BARF en tu casa es bastante sencillo y poco costoso y te servirá para la alimentación cocinada.

- **Cuchillos afilados:** te facilitarán mucho cortar los alimentos para hacer las bolsas o recipientes con la cantidad que necesite tu animal.
- **Tabla para cortar:** te recomiendo que a poder ser sea de plástico, ya que son menos porosas y más fáciles de limpiar que las de madera, aunque lo más importante es que siempre la limpies bien después de cada uso.
- **Cucharas medidoras:** te vendrán bien si usas los pocos suplementos que se necesitan en formato polvo para poder ajustar de manera rápida lo necesario.
- **Báscula:** una báscula para preparar la cantidad que quieras (para un día, para dos...). También puedes cambiar las cucharas medidoras por una báscula digital de micropesaje si te resulta más cómodo. Con el tiempo, cuando tengas las medidas por la mano, ya no necesitarás la báscula.
- **Recipientes:** si tienes espacio en el congelador te recomiendo táperes, ya que son más fáciles de limpiar y reutilizar que las bolsas de congelación, por ejemplo.

- **Trituradora** (opcional): te irá bien si quieres hacer los menús triturados que hemos comentado en el apartado de huesos carnosos.

Complementos y suplementos necesarios

Aparte de la rotación de los alimentos, que es muy importante, en la dieta BARF necesitarás complementar la dieta con huevos, algas, omega 3 y probióticos (opcional). En el capítulo 9 te indico las cantidades que necesitarás de cada cosa.

Recursos sobre alimentación cruda BARF

A continuación, te dejo algunos recursos de webs y libros donde puedes encontrar más información sobre la alimentación cruda.

- Instagram sobre alimentación BARF: @nutricionanimaloide
- Mi Instagram @adrianconde.vet y mi canal de YouTube «Adrián Conde VET».
- Formación y asesoramiento en www.mundoanimaloide.com
- Libro del doctor Conor Brady: *Alimentación en perros. ¿Procesada o cruda? La ciencia detrás del debate.*
- Libro del doctor Ian Billinghurst: *La dieta BARF. Alimentación cruda para perros y gatos usando los principios evolutivos.*
- Web de la Raw Feeding Veterinary Society (Sociedad de veterinarios proalimentación cruda) donde encontrarás posicionamientos e información en general: https://rfvs.info
- Web del doctor Conor Brady: https://dogsfirst.ie

- Web de Susan Thixton: https://truthaboutpetfood.com/author/foslw3pspow/
- Blog de la Dra. Karen Becker: https://mascotas.mercola.com/sitios/mascotas/dra-karen-becker.aspx
- Documental *Pet Fooled*

Capítulo 8

Alimentación natural cocinada

Dentro de la alimentación natural, tenemos también la opción de la dieta cocinada. Esta es más popular y seguramente habrás visto alguna vez preparar el típico puchero para el gato con arroz, zanahoria, huesos cocinados (nunca se deben dar) y, con suerte, algo de proteína cárnica, como pollo o salchichas. Aunque la intención de este «puchero» es buena —dar comida de verdad al gato—, en la práctica puede tener carencias nutricionales.

No soy muy partidario de la dieta cocinada en gatos, debido a que son carnívoros estrictos y porque hay que medir bien ciertos micronutrientes. Profesionalmente solo la uso para pacientes felinos con problemas de salud que no se pueden adaptar a una dieta natural BARF.

En comparación con la dieta BARF esta es algo más laboriosa, no solo por el hecho de tener que cocinar los alimentos, lo cual implica una mayor inversión de tiempo, sino también porque al aplicar tratamiento térmico está sujeta a perder algunas vitaminas y micronutrientes que será necesario tener en cuenta para equilibrar la ración.

Este capítulo te servirá de guía para gatos adultos, pero si decides hacer comida natural cocinada para tu gato, aunque esté sano, ponte en contacto con un profesional para que te la formule.

Pros y contras de la alimentación cocinada

Pros

La alimentación cocinada tiene todos los beneficios de base ya comentados para la dieta BARF, así que aquí te añado solo aquellos que se diferencian con otros modelos de alimentación natural.

- **Mayor percepción de seguridad alimentaria** contra microorganismos por parte del tutor, ya que al aplicar un tratamiento térmico destruimos la mayor parte de los microorganismos que puedan existir de base. Es importante tener en cuenta que sin una correcta refrigeración y almacenamiento posterior seguirá siendo susceptible de contaminarse.
- **Puede ser más apetitosa** que la comida cruda para algunos gatos, y esto se debe a que al cocinar las grasas aumentan su palatabilidad y esto, junto a la variedad de los ingredientes, puede ser un gran beneficio, sobre todo en los gatos malos comedores.
- **Más aconsejada en algunas patologías:** como ciertos casos de diarreas crónicas; animales que están con quimioterapia por cáncer; gatos séniores; gatos que estén inmunodeprimidos o con tratamientos inmunosupresores que afectan a su sistema inmunitario y esto les impide hacer frente a las bacterias que se encontraría en caso de no cocinar la comida; después de cirugías, sobre todo del sistema digestivo; megacolon; problemas de páncreas, etc. Ante cualquier patología pide asesoramiento con un profesional para que te guíe.
- **Menos angustia para los tutores.** Hay personas que lo pasan realmente mal y les da angustia manipular alimentos crudos o ver como su gato come alimentos crudos, por lo que la comida cocinada, al asemejarse más a la nuestra, tiene una mayor aceptación.

Contras

Al igual que las ventajas, las desventajas también son las mismas que en la dieta BARF, matizando que el riesgo de contaminación por microorganismos disminuye al haber un tratamiento térmico, así que vamos a ver solo las diferentes:

- Al no contener huesos carnosos (aunque existe la opción de usarlos como fuente de calcio también en cocinada si se dieran triturados) nos va a faltar su principal fuente de calcio que deberá ser suplementada.
- Si cocinamos mucho la carne podemos provocar desnaturalización de las proteínas, por lo que lo ideal sería no cocinarla excesivamente.
- Es más costosa. En la alimentación BARF usamos los huesos carnosos, que son más baratos. En esta opción, aunque se usa algo más de hidratos de carbono, acabarás poniéndole más carne muscular y puedes notarlo en el bolsillo.
- Además del calcio suele ser necesario suplementar algunos otros micronutrientes perdidos por el calor, aunque esto siempre hay que valorarlo de forma individual. Especial importancia en el caso de gatos tiene la suplementación de taurina, ya que esta se pierde con el calor, así que habrá que añadirla después del cocinado.

Cómo hacer correctamente una alimentación cocinada

Al igual que con el capítulo de la alimentación BARF, esto es únicamente un recurso de base para que tengas unas nociones y alimentes a tu gato como se merece. Recuerda que siempre estamos hablando de animales sanos y sin condiciones especiales y que, aun así, siempre es recomendable que te guíe un profesional.

Como con la alimentación BARF, hay variaciones en cuanto a los porcentajes de alimentos según los autores, así que aquí te indico lo que a mí me ha funcionado en la mayoría de los animales, pero que siempre se puede modificar.

En el caso de la dieta cocinada, los alimentos se pesarán previamente en crudo.

Qué contiene una ración de comida cocinada

La alimentación cocinada es variada y fresca. Dentro de esta variedad siempre encontraremos cuatro elementos clave que conformarían su plato de comida:

1. carnes y pescados
2. vísceras
3. hidratos de carbono (vegetales principalmente)
4. suplementos/complementos

Carnes y pescados

La carne será la parte mayoritaria de su alimentación, así está diseñado su organismo y solo así podemos brindarle un máximo nivel de salud acorde a sus necesidades como especie. Supondrá entre un 75 y un 80 % de la ración total. Puedes darle carne picada, pero cuidado, ya que mucha carne picada también lleva otras cosas, así que lo ideal es que como mínimo lleve en su composición un 90 % de la carne de la proteína escogida.

Si le das partes con hueso o piezas enteras, como el pollo, por ejemplo, te saldrá más económico. Además, las partes de las piernas, aunque le quitemos exceso de grasa, siempre son más jugosas y aportan un mayor contenido nutricional que partes más magras. Lo mejor es que vayas variando y mezclando las distintas opciones. Lo ideal es saltear la carne en la sartén con un poco de aceite de oliva virgen extra, de manera que la carne quede sellada por fuera y que por dentro no esté hecha, así perderá menos nutrientes.

BLANCAS	Pollo	Pavo	Conejo	Mollejas
BLANCAS / ROJAS SEGÚN EDAD		Cerdo	Cordero	
ROJAS	Ternera	Caballo	Avestruz	Pato	Buey
ESPECIALES*	Tripa verde	Corazón	Lengua	

* Se consideran «carne», aunque no lo sean como tal.

Pescados

Priorizaremos los pescados azules y pequeños en comparación con los pescados blancos. Pero si estás suplementando con omega 3, puedes darle pescados blancos; suelen ser más económicos y así le das más variedad. Hay que retirar las espinas, ya que al estar cocinadas pueden causar daño. Además, ya estaremos suplementando el calcio, como te explicaré más adelante. La frecuencia semanal aproximada es igual que en la alimentación BARF: darle pescado 1 o 2 veces por semana es correcto. Hay personas que le añaden un poco cada día, si a su gato no le gusta mucho el pescado, porque mezclado con otras cosas, lo come.

BLANCOS (algunos ejemplos)	Bacalao	Lenguado	Mero	Merluza
AZULES (algunos ejemplos)	Caballa	Boquerón	Sardina	Jurel	Salmón

Vísceras

Las vísceras suponen un gran aporte de vitaminas y micronutrientes muy necesarios para la salud de tu gato. En caso de que no las puedan consumir por algún motivo médico o de gusto, hay que darle un aporte multivitamínico. Suponen entre un 10 y un 15 % de la ración total, es decir, un poco más en comparación con la alimentación BARF, aunque siempre mantendremos la proporción de mitad y mitad.

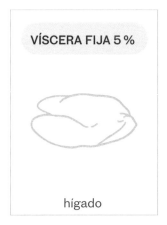

VÍSCERA FIJA 5 %

hígado

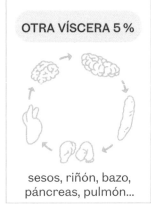

OTRA VÍSCERA 5 %

sesos, riñón, bazo, páncreas, pulmón...

Vegetales y otros carbohidratos

Si bien es cierto que los gatos son carnívoros estrictos y por tanto no precisarían de vegetales y frutas, también es cierto que no consumen la presa entera, donde el pelo y las plumas hacen la función de fibra, y esta es necesaria e indispensable para el correcto tránsito gastrointestinal. Una buena forma de suplir esta fibra presente en la presa es añadiendo una pequeña porción de vegetales a la ración, así no solo aportarán esa fibra para el tránsito, también le ayudarán un poco con la saciedad y con algún micronutriente.

Para facilitar su asimilación ofréceselos cocidos, e incluso triturados. Recuerda que como en las carnes y los otros elementos, la variedad es importante. Usa vegetales, frutas y hortalizas de temporada, así gastarás menos y e irás variando. Las frutas es mejor dejarlas para un consumo anecdótico como premio y priorizar los vegetales en caso de incluirlos.

Aquí tienes una muestra de lo que le puedes dar.

VERDURA APTA

Brócoli	Zanahoria	Espinaca	Pimiento	Pepino
Calabacín	Apio	Repollo morado	Judía verde	
Lechuga	Espárrago	Remolacha	Coliflor	
Repollo	Col de Bruselas	Acelga	Canónigo	

Cantidad de ración

Las raciones dependerán del tamaño del gato, la actividad y la etapa en la que se encuentra. Para calcularlo tienes que coger el peso ideal de tu gato en kilos y multiplicarlo por el porcentaje orientativo que le toque.

EDAD DEL GATO	CANTIDAD DE RACIÓN
Castrados, sedentarios, séniores	3 % del peso
Con actividad media	4 % del peso
Actividad alta, nerviosos, *outdoor*	5-6 % del peso

Recuerda que el porcentaje ideal será aquel en el cual ni tu animal engorda ni adelgaza y tiene una buena condición corporal (en el capítulo 5 tienes imágenes de la condición corporal para ayudarte), por lo que son porcentajes de partida que se pueden modificar. En el caso de cachorros, como tenemos que ser muy precisos con el tema del calcio, te aconsejo que acudas a un profesional.

Para el cálculo de la ración consulta el capítulo de la alimentación BARF, donde tienes ejemplos de cómo calcular la ración total que necesitará al día. En este caso se hace igual, y una vez ya tienes la cantidad total diaria, usa los porcentajes que te pongo a continuación para calcular las partes. Recuerda que el porcentaje puede variar en función del gato.

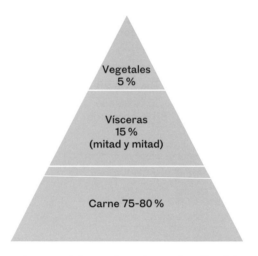

Vegetales
5 %

Vísceras
15 %
(mitad y mitad)

Carne 75-80 %

* Recuerda que el porcentaje puede variar en función del gato.

Transición a la alimentación cocinada

La transición a una dieta cocinada también puede hacerse de varias maneras: de golpe quitando el pienso de un día para el otro; con dieta blanda; cambiando primero a latas y luego a cocinada, o haciendo un cambio progresivo desde el pienso hasta dieta cocinada. En el capítulo de la alimentación BARF, te he explicado cómo hacerlo con la dieta blanda. Aquí te indico cómo hacerlo quitando el pienso progresivamente. No es de mis opciones más escogidas, porque cuando quitamos el pienso suceden una serie de cambios a nivel fisiológico (recuperar sus balances originales) que hacen que al usar los dos tipos de alimentación tu gato pueda tener algún problema gastrointestinal. No obstante, me preocupa más en la dieta BARF, al tener que digerir los huesos, que en la dieta cocinada.

Le darás el alimento repartido en tres raciones al día: una será de su pienso habitual, otra de la dieta cocinada que hayas preparado, e irás aumentando progresivamente el porcentaje de dieta cocinada y reduciendo el de pienso.

Día 1 a 5	Día 6 a 11	Día 12 a 16
85 % pienso 15 % cocinada	70 % pienso 30 % cocinada	50 % pienso 50 % cocinada

Día 17 a 21	Día 22 a 26	Día 27 a 30
30 % pienso 70 % cocinada	15 % pienso 85 % cocinada	100 % cocinada

Cocinada comercial

Actualmente no hay mucha oferta en España de alimentación cocinada comercial. Algunas marcas la ofrecen, pero pocas, y no siempre son de la mejor calidad. Es importante, pues, que los consumidores deis más voz y pidáis más comida de verdad para vuestros gatos.

Complementos
y suplementos necesarios

Aparte de la rotación de alimentos, que es muy importante, en la dieta cocinada necesitarás complementar con alguna cosa, como huevos, algas, omega 3 o probióticos (opcional). En el capítulo 9 encontrarás las cantidades que debes añadir de cada uno.

En el caso del calcio, suplemento necesario solo en la dieta cocinada, hay varias opciones en el mercado para animales sanos. A mí me gusta el MCH (Microcristal Óseo Hidroxiapatito), que lo puedes encontrar por internet, y a poder ser elige que sea de vacas de pasto. La cantidad recomendada es de entre 800 y 1.000 mg por cada 450 g de carne y vísceras

En cuanto a la taurina, se necesitan unos 500 mg diarios de taurina mezclada con su comida (cachorros, gestantes o séniores pueden necesitar más). Recuerda que se añade después de la cocción.

Capítulo 9

Recetas naturales, suplementos y complementos

En este capítulo encontrarás recetas que puedes hacer en casa y que aportarán a tu gato diversos beneficios. Las puedes añadir o hacer independientemente del modelo de alimentación de base que consuma.

Complementos y suplementos

Los complementos y suplementos son para animales sanos, sin patologías ni ninguna condición médica. Consulta con tu veterinario si tienes dudas.

Huevos

El huevo es una proteína de alto valor biológico y muy interesante por los nutrientes y grasas saludables que aporta. Es un complemento de base, que no puede faltar dentro de una alimentación variada del gato, y se puede incluir en todas las opciones de alimentación. La cantidad y tamaño dependerán, entre otros factores, del tamaño del animal y de su actividad física. En el caso de darlo crudo, no se debe exceder la cantidad semanal citada, ya que el huevo crudo también presenta ciertos antinutrientes, que, si superamos esa dosis, anularían los beneficios. Si por el motivo que sea hay que aumentar la dosis, se darán cocidos o pasados por agua.

Es recomendable empezar dando el huevo cocido (sin cáscara) y menos cantidad de la indicada (para introducirlo progresivamente). A partir de aquí, se puede ir reduciendo la cocción hasta llegar al crudo. Lo ideal es una ligera cocción (pasado por agua: clara cuajada, yema cruda), ya que puede tener alguna diferencia positiva en cuanto a absorción de nutrientes para nuestros animales respecto al crudo.

TAMAÑO DEL GATO	CANTIDAD HUEVO SEMANAL
Tamaño pequeño-mediano	1
Tamaño grande	1-½

Otra opción es alternar con huevos de codorniz (un huevo de gallina equivale a 3-4 de codorniz). Estos son más fáciles de comer para los gatos por cantidad. El huevo de gallina también se puede separar y dárselo en 2-3 días para que no tome tanta cantidad de golpe.

Algas

Fuente de micronutrientes muy interesante para el animal, servirán como apoyo para el sistema inmunitario y el hígado, además de aportar compuestos esenciales para su alimentación como el yodo. La chlorella y el kelp son ejemplos de algas que podemos utilizar. Se venden en formato polvo, por lo que son fáciles de mezclar con la comida. La cantidad es de unos 0,9 gramos por cada 800 gramos de comida casera. Para animales que comen pienso: 0,1 g por cada 5 kg (que es lo que pesa un gato adulto aproximadamente).

Omega 3

¿Por qué es necesario darle suplemento de omega 3 (EPA y DHA) a nuestro gato? El omega 3 es un ácido graso antiinflamatorio y el omega 6 es un ácido graso proinflamatorio. Ambos son importantes en el organismo, el problema es que con una dieta rica en las carnes que se consumen actualmente (los animales no están en el campo, se alimentan de piensos y apenas ven la luz solar) predomina bastante el omega 6, por lo que al consumirlas se produce un desequilibrio entre omega 6 y omega 3. Al suplementar a nuestros gatos con omega 3 reequilibramos este desajuste y evitamos la inflamación de bajo grado. ¿Cómo elegir uno?

- Si es en aceite, que sea en envase opaco o ámbar.
- Mejor en cápsulas que en aceite.
- Mejor de pescados pequeños azules que no de grandes pescados azules.
- Que lleve vitamina E como conservante.

Todo esto es debido a que son ácidos grasos muy inestables y sensibles, por lo que el oxígeno y la luz, hace que vayan perdiendo propiedades. Sigue las normas del fabricante para su dosificación, pero la cantidad orientativa recomendada de EPA + DHA para cubrir necesidades básicas es de 170 mg por 10 kg de peso. Esta dosis se puede aumentar en caso de patología renal, cardiovascular, piel atópica... Consulta siempre con tu veterinario.

Probióticos

Los alimentos probióticos son aquellos que contienen cepas de microorganismos beneficiosas para la salud de tu gato. Estos microorganismos ayudan a mejorar la digestión, a aprovechar mejor los nutrientes de su alimentación y al final son una línea de defensa para luchar contra los microorganismos patógenos (los malos) que entren en su organismo.

Ya hemos comentado la importancia de la microbiota en la primera parte de este módulo, por lo que los probióticos en la dieta son importantes, siempre en la dosis justa y cuando sea necesario para no causar el efecto contrario. De probióticos no comerciales o caseros tenemos varias opciones, pero las más usadas son kéfir de leche, kéfir de agua y yogur.

Si los compras en el supermercado, que sean sin azúcares, edulcorantes ni sabores añadidos, es decir, que sea un producto totalmente natural. Aunque dos de ellos son lácteos, son lácteos fermentados, por lo que no suelen causar problemas en la mayoría de los gatos, ya que la lactosa (ya he comentado que la mayoría de los gatos son intolerantes a esta) se utiliza como fuente de alimento por esas bacterias que se encuentran en el producto, por lo que acaban consumiéndola. La cantidad es de ½ cucharada por cada 5 kg de peso.

La tripa verde también tiene acción probiótica, pero se da solo a animales que consumen alimentación BARF, ya que se trata de un alimento crudo. Si la añades de vez en cuando en su alimentación es una excelente opción para su sistema digestivo.

9 recetas útiles

1. Fiambre casero

Los snacks deben ser saludables. En muchos casos, para trabajar comportamientos con nuestro gato necesitamos un snack blando con el que podamos premiarlo de forma rápida. Con esta receta podrás hacer un fiambre y cortarlo a la medida que te vaya mejor.

¿Qué necesitas?

- carne (la que tú quieras)
- agua
- papel film

Paso a paso:

1. Tritura la carne que quieras.
2. Corta un trozo de papel film y pon la carne triturada dentro.
3. Enróllalo con la intención de crear una «salchicha».

4. Enrolla y anuda los extremos para que quede bien comprimido.
5. Pon agua a hervir en una olla.
6. Cuando el agua hierva mete el fiambre con el plástico y deja cocer 1 o 2 minutos (el tiempo dependerá del grosor que le hayas dado).
7. Deja enfriar. Guárdalo en la nevera y córtalo a la medida deseada para usar como premios.

2. Caldo de huesos

Este caldo de huesos tiene muchos usos. Nos ayuda en animales que tienen el sistema digestivo sensible o para que gatos convalecientes ingieran algo de comida, sirve para atemperar las raciones, como receta de helados y es una fuente rica de nutrientes y minerales.

¿Qué necesitas?

- huesos (preferiblemente de animales de pasto) que puedes conseguir en cualquier carnicería o supermercado (incluso te los regalarán)
- agua
- vinagre de manzana

Paso a paso:

1. Pon los huesos en una olla (pueden ser crudos o que hayas ido guardando en el congelador siempre que no lleven salsas ni condimentos). Si tienes una crockpot (olla de cocción lenta) mejor; es preferible no usar la olla exprés, ya que la finalidad es que cueza muchas horas a fuego muy lento, para poder sacar todos los nutrientes de esos huesos.
2. Llena una olla de agua.
3. Echa un buen chorro de vinagre de manzana.
4. Pon a cocer a fuego lento entre 12-24 horas.
5. Cuela el caldo y guárdalo (tira todos los huesos).

Puedes ponerlo en moldes o cubiteras y será más cómodo a la hora de utilizarlo cuando quieras. Si añades al caldo patas de pollo, orejas de cerdo, alimentos ricos en cartílago a la hora de cocer... te quedará como una gelatina (menos líquido) saludable rica en colágeno natural, muy interesante para animales con problemas articulares.

Cantidad orientativa diaria: 1 cubito al día.

3. Gominolas multivitamínicas

Una forma divertida y fácil de aportar micronutrientes a tu gato, a pesar de ser carnívoro, es mediante el consumo de fruta de forma esporádica, especialmente en aquellos gatos que solo consumen comida ultraprocesada como el pienso.

¿Qué necesitas? (Para unas 20 unidades pequeñas)

- ½ manzana
- 1 kiwi
- 2 arbolitos de brócoli
- ½ zanahoria
- un puñado de frutos rojos
- 300-400 ml de agua (menos si las frutas tienen mucha agua)
- 1 sobre de agar-agar (gelificante vegetal)
- moldes

Paso a paso:

1. Lava y pela las frutas y verduras que lo requieran.
2. Tritura con el agua y reserva 50 ml de esta.
3. Disuelve el sobre de agar-agar en los 50 ml de agua que has reservado.
4. Mézclalo todo, ponlo en moldes y deja reposar en la nevera.
5. En función de los ingredientes utilizados pueden quedar más o menos secas, es cuestión de ir probando, pero quedará una textura como gelatina.

Cantidad orientativa diaria: 1 gominola al día.

4. Helado de kéfir de cabra con plátano y arándanos

¿Qué necesitas?
- plátanos
- arándanos
- kéfir de cabra
- moldes

Paso a paso:
1. Corta medio plátano en trozos pequeños y ponlo en los moldes junto a los arándanos.
2. Rellena los moldes con kéfir de cabra.
3. Congela unas horas y ya está listo para consumir.

5. Helado de pollo

¿Qué necesitas?
- caldo de huesos (ver la receta 2) o caldo de pollo sin sal
- zanahorias, patas de pollo deshidratadas o nervios deshidratados (los encontrarás en tiendas de alimentación)

Paso a paso:
1. Corta unos bastones de zanahoria para utilizarlos como palo del helado; también puedes usar como palo patas de pollo deshidratadas o nervios deshidratados.
2. Pon el caldo en los moldes y déjalos en el congelador un rato.
3. Sácalos cuando no estén congelados del todo para poder clavar los «palos del helado», que serán las zanahorias o los snacks deshidratados.
4. Déjalos en el congelador unas horas y ya estarán listos para consumir.

6. Helado de sandía y pepino

¿Qué necesitas?
- sandía
- pepino
- moldes

Paso a paso:
1. Tritura un trozo de sandía (sin la cáscara) y ponla en los moldes.
2. Corta unos trozos de pepino en forma alargada, ya que la función es utilizarlo de palo del helado.
3. Pon los moldes en el congelador.
4. Pasado un rato saca los moldes y clava el pepino. Debe aguantarse derecho.
5. Pon los moldes de nuevo en el congelador unas horas, y ya está listo para consumir.

7. Golden paste

La Golden paste es una forma sencilla de aportar los beneficios antiinflamatorios que proporciona la cúrcuma, una potente raíz, que junto a la piperina de la pimienta para que esté activada, nos puede ayudar como potente antioxidante, antiinflamatorio (en casos como artrosis, displasia, artritis...), regula los niveles de glucosa en sangre, entre otros beneficios. Pero, cuidado, también tiene contraindicaciones: es mejor evitarla en animales con problemas de coagulación, úlceras gástricas y con cálculos biliares. Tampoco hay que darla antes y después de una cirugía.

¿Qué necesitas?
- 300 ml de agua
- 70 g de cúrcuma en polvo
- 70 ml de aceite de coco prensado en frío
- 2,5 g de pimienta negra recién molida

1. Pon el agua en el fuego y añade la cúrcuma removiendo aproximadamente unos 10 minutos hasta llegar a ebullición.
2. Después aparta del fuego y añade el aceite de coco y la pimienta.
3. Mezcla muy bien para que quede todo bien mezclado.
4. Ponlo en un bote de cristal y una vez frío guárdalo en la nevera. Se conservará unas dos semanas.

Cantidad orientativa diaria: ¼ de cucharadita por cada 5 kg de peso del animal. Se puede aumentar la dosis en caso de que sea necesario, repartiéndola en dos tomas al día y previa valoración veterinaria.

8. Pastel de hígado

Este pastel es adecuado para ocasiones especiales, como su cumpleaños, aunque teniendo en cuenta no poner alimentos tóxicos y no recomendables y no pasarte con la cantidad de tarta que le des (por mucha carita de pena que te ponga).

Qué necesitas (para 12 porciones):
- ⅓ de taza de hígado de bovino picado
- 2 huevos
- ¼ de taza de fécula de patata/batata
- ½ taza de guisantes
- ½ cuchara de té de cúrcuma en polvo o 1 cuchara de cúrcuma fresca rallada

Paso a paso:
1. Precalienta el horno a 180 °C.
2. Mezcla todos los ingredientes en el procesador de alimentos o batidora y, una vez esté todo bien mezclado, vierte el contenido en una bandeja o molde de horno untado con un poco de aceite de oliva o mantequilla para que no se te pegue.

3. Hornea durante 25 minutos.
4. Después de que esté hecho, retira del horno, deja que se enfríe y córtalo en cubitos.

Cantidad orientativa diaria: 1 porción al día.

9. Galletas aliento fresco

Si a tu gato le huele mal el aliento, recuerda primero descartar algún problema bucodental o de salud, pero aquí te dejo una receta para que tenga un aliento fresco.

Qué necesitas (para 20 unidades pequeñas)

- 250 gramos de garbanzos cocidos
- ½ taza de perejil fresco picado
- ½ taza de menta fresca picada
- 1 huevo

Paso a paso:

1. Precalienta el horno a 180 °C.
2. Tritura todos los ingredientes juntos hasta obtener una pasta lisa.
3. Introduce cucharadas de la mezcla en moldes de silicona para el horno.
4. Hornea durante 35-40 minutos hasta que la parte de arriba empiece a dorarse. El tiempo varía en función del tamaño de la galleta.
5. Deja que se enfríen antes de desmoldarlas.

Cantidad orientativa diaria: 1 porción al día.

En un bote de cristal te durarán unos 7 días en la nevera; si las congelas te pueden durar hasta 2 meses.

Capítulo 10

Mitos de la nutrición felina

Los gatos son omnívoros

1 El gato es un carnívoro estricto y, aunque puede asumir una pequeña cantidad de alimentos de origen vegetal, la industria alimentaria nos ha hecho creer que pueden consumir grandes cantidades de hidratos de carbono provenientes de los cereales y nada más lejos de la realidad. Su anatomía y fisiología son característicamente de un carnívoro.

El pienso es el mejor alimento para los gatos

2 El pienso es un tipo de alimentación, pero ni mucho menos la mejor opción para alimentar a un animal todos los días de su vida. Es una opción cómoda, pero no por ello la más acertada.

Si consumen carne cruda se vuelven agresivos

3 No hay ningún componente ni detonante en los alimentos crudos que potencie las conductas agresivas, ni si-

quiera si se consume sangre como tal. Si ofrecieras al animal presas vivas y tuviera que cazarlas y matarlas, sí potenciarías las conductas predatorias (que tampoco quiere decir agresividad), pero no por el hecho de que sea crudo, sino por las secuencias de depredación y caza.

La alimentación natural es desequilibrada

4

Cualquier alimentación que no esté correctamente adaptada a los requerimientos y necesidades como especie produce desequilibrios, pero esto no depende del tipo de alimentación, sino de cómo está formulada. Un pienso puede ser desequilibrado al igual que una dieta natural, solo que en la dieta natural depende de lo que tú hagas en casa y en el pienso depende del fabricante. Hacerlo de manos de profesionales es lo adecuado.

Los huesos son siempre peligrosos

5

Es falso. Los problemas con los huesos son por varios motivos: huesos cocinados, huesos sin carne y animales sin experiencia. Teniendo estos puntos en cuenta no hay mayor riesgo que con otras actividades con juguetes, palos, etc. De hecho, en alimentación BARF los gatos comen huesos carnosos sin problemas, eso sí, hazlo siempre de la mano de un profesional.

Los gatos necesitan cereales

6

Los cereales se encuentran en la alimentación comercial como un aporte de energía gracias a los hidratos de carbono y reducen bastante el coste de producción. Ningún organismo oficial de nutrición veterinaria (aun estando en contra de la alimentación natural) pauta los requerimientos mínimos de hidratos de carbono. En cambio, sí pueden producir en algunos animales digestiones pesadas u otros problemas, ya que no tienen la misma capacidad que nosotros para digerirlos correctamente.

No pueden comer nada que no sea pienso

7

Pueden y deberían consumir una alimentación fresca bien equilibrada para su especie. El pienso no hace tantos años que se encuentra en el mercado, y ningún animal come de forma natural unas bolitas secas altamente procesadas y sometidas a elevadas temperaturas suplementadas con nutrientes para que tenga valor nutricional. Ahora bien, hay algunos alimentos tóxicos y si no vas a hacer bien la alimentación natural, pues sí, mejor dale pienso.

Una dieta alta en proteína daña el riñón

8

Esto también está desmentido en la alimentación humana y es que se ha afirmado de muchas especies durante mucho tiempo. No, la proteína de calidad no causa daños, y lo que no se aprovecha es excretado por la orina. Es más, los gatos tienen requerimientos altos de proteína.

Solo los gatos que comen dieta cruda excretan bacterias

9

Es falso. No solo hay algunos estudios que informan de que hay excreción de bacterias en animales alimentados con pienso, sino que también hay algunos que nos indican que esas bacterias potencialmente peligrosas para nosotros los humanos se encuentran de forma natural en el sistema digestivo de los animales, independientemente de su alimentación. Algunos de los estudios que hablan de la relación «peligrosa» bacterias-alimentación BARF son estudios que solo se centran en el grupo que se alimenta con BARF y omiten información de lo que comen los otros animales del estudio.

Si come carne cruda, tendrá más instinto de caza

10

No, no tiene ni ciencia ni lógica. No hay ningún mecanismo en la carne cruda que haga que a tu gato se le active un botón de encendido. Las conductas agresivas tienen causas de salud comportamental y emocional o física detrás, y aunque la dietoterapia nos puede ayudar en el manejo de muchas de ellas, el consumo de carne cruda no fomenta ningún acto de depredación animal, puesto que no hay ningún animal en movimiento con el que seguir la secuencia de caza.

Para que tu gato sea feliz, es vital educarlo correctamente y comprender las bases de cómo funciona su comportamiento. ¿Cómo se comunica tu gato? ¿Qué hacer y qué no hacer? Todo eso lo aprenderás en esta parte, desde una perspectiva científica y actualizada.

TERCERA PARTE

Educación

Capítulo 11

Empezando por la base

Bienestar animal

Antes de entrar de lleno en el terreno de la educación, me gustaría hablarte del concepto de bienestar animal. No hay un consenso científico en su definición. La Organización Mundial de Sanidad Animal (OIE) lo define como el estado físico y mental de un animal en relación con las condiciones en las que vive y muere. Esta definición, la verdad, no aporta mucha información.

Aquí te hablaré de la ley británica de bienestar animal, de 2006, conocida como de las 5 Necesidades, porque me parece la más completa. Estas necesidades son:

1	NECESIDAD DE UNA DIETA ADECUADA: la falta de la dieta adecuada puede llevar a hambre, sed, malnutrición, deshidratación y obesidad.
2	NECESIDAD DE UN ENTORNO ADECUADO: debe tener el espacio adecuado y evitar el ruido y la falta de rutina.
3	NECESIDAD DE ESTAR PROTEGIDO DEL DOLOR, SUFRIMIENTO, LESIÓN O ENFERMEDAD. Tratar las enfermedades, el dolor y las sensaciones asociadas es el elemento central de la práctica veterinaria a través de la cura, paliación o prevención.

4	NECESIDAD DE ALOJAMIENTO EN COMPAÑÍA DE, O APARTE DE, OTROS ANIMALES en función de la especie y del animal. La compañía humana también se considera igual de importante cuando hablamos de animales de compañía como el gato.
5	NECESIDAD DE SER CAPAZ DE MOSTRAR EL COMPORTAMIENTO NORMAL DE LA ESPECIE. Evidenciar la falta de comportamientos de juego y la aparición de conductas estereotipadas (repetitivas) es un claro indicio de falta de bienestar animal.

Todo esto sigue siendo poco específico. Aunque ha servido para establecer muchas de las normativas en materia de bienestar animal, esta ley se creó básicamente para animales de producción, y extrapolarlo a otras especies presenta sus limitaciones.

Olvida lo aprendido

Si me sigues en internet o a otros profesionales actualizados quizá no sea necesario que olvides. Pero sí si tus conocimientos se basan en la imposición de un estatus jerárquico de macho alfa, como se ha explicado en algunos programas de televisión. Usar según qué tipo de técnicas es contraproducente a medio y largo plazo; son técnicas basadas en el miedo y ningún gato quiere ni debe vivir en una relación basada en el miedo.

Tienes que entender la relación con tu gato como una relación de convivencia y de confianza, esto no quiere decir que sea un humano, de hecho, no lo es y tiene necesidades diferentes a las nuestras, pero eso no significa que su educación y aprendizaje tengan que basarse en el maltrato físico o verbal, porque solo infundes miedo. De esto hablaremos con más detenimiento.

Especie altricial

Una especie altricial es aquella cuya descendencia, entre otras características, nace con ojos y oídos cerrados, con poca capacidad para autorregular temperatura y poca movilidad; es el caso de tu amigo el gato. Como se puede apreciar en la figura la apertura de los ojos sucede en torno a los 10-14 días y el reflejo de alarma, en torno a los 21 días (que coincide con el inicio de la etapa de socialización).

DESARROLLO DEL CACHORRO DE GATO

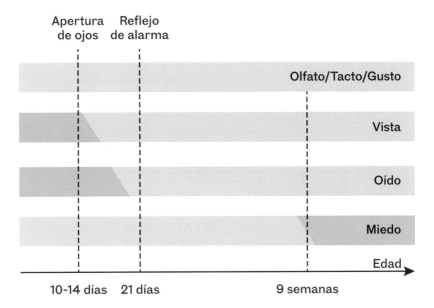

Etapas del desarrollo conductual

A lo largo de su vida, tu gato no solo va a pasar por diversas etapas en cuanto a edad física se refiere, sino que a nivel conductual y comportamental también se producen una serie de cambios y procesos. Es cierto que hay algunas etapas más vitales que otras en cuanto al impacto que generarán en su carácter, conducta y emociones, por eso es importante hablar de todas ellas y ver qué sucede en cada una.

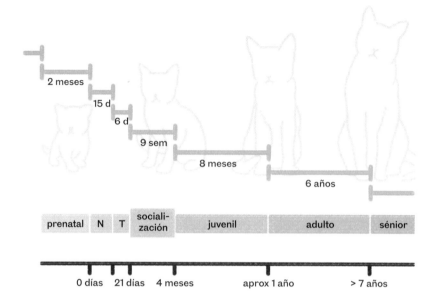

| prenatal | N | T | sociali-zación | juvenil | adulto | sénior |

2 meses
15 d
6 d
9 sem
8 meses
6 años

0 días   21 días   4 meses   aprox 1 año   > 7 años

1. Prenatal (antes del nacimiento)

Es el periodo que comprende hasta el momento del nacimiento. Aunque no parezca importante para el desarrollo de la conducta y emociones de tu gato, sí lo es y fundamentalmente hay que atender a la madre: hay que darle un cuidado sanitario y nutricional adecuado y sin escatimar y, sobre todo y muy importante, procurar que no sufra estrés durante la gestación, ya que afectará negativamente a las respuestas del estrés de los cachorros. Esto se debe a que las hormonas involucradas son capaces de atravesar la barrera placentaria y producir cambios en las estructuras nerviosas de los futuros gatos.

2. Neonatal y transición (hasta las 2 semanas de vida)

Es el periodo desde el nacimiento y hasta antes de empezar la socialización (desde el día 0 hasta la segunda semana de vida). Al contrario de lo que pienses o te hayan dicho, sí es importante manipular de una forma y en unos tiempos correctos a estos gatitos en esta etapa, ya que esto tiene efectos positivos para que de adultos se puedan adaptar mejor a situaciones estresantes. La manipulación de los gatitos debe ser entre 5 y máximo 15 minutos al día, nunca separarles más de 15 minutos de su madre; de hacerlo sería contraproducente.

3. Socialización (desde la segunda semana de vida hasta la semana 7-9)

El periodo de socialización es uno de los más importantes de la vida de tu gato. Este periodo es más corto en los gatos que en los perros, por ejemplo, por eso, en caso de optar por un criador o gatitos que necesiten adopción, es importante intentar saber de dónde vienen. No es que sea determinante, pero sí condicionará muchas cosas de forma negativa y de forma positiva para el futuro, por eso, si haces las cosas de la forma correcta aquí, te ahorrará trabajo y malas experiencias en tu gato adulto. Es importante recordar que el gatito debe estar con madre y hermanos hasta que se vaya al nuevo hogar; esto le ayudará a aprender bien el lenguaje, control de la frustración, menos riesgo de ansiedad por separación y miedos en el futuro. La hipótesis más aceptada de cuándo acaba la socialización (y es importante que la sepas) es cuando el gatito ya tiene un cierto nivel que le permitirá percibir los estímulos del ambiente e interactuar con otros individuos.

¿Qué cosas no podemos dejar de trabajar en esta etapa?

1. *Habituación al entorno y socialización*. El gatito tiene que ir viendo de forma progresiva y positiva las diferentes situaciones y cosas, personas o animales con los que va a convivir el día de mañana. Acostumbrarle al cepillado, a otros animales, a otras personas, a la manipulación, etc., pero nunca lo hagas de forma invasiva, siempre poco a poco y con premios. ¡LA EXPERIENCIA TIENE QUE SER POSITIVA PARA ÉL, SI NO, NO CONSEGUIREMOS LA HABITUACIÓN! No tengas prisa y ve aumentando la dificultad progresivamente. Te dejo la defini-

ción de un par de conceptos de psicología para que lo entiendas mejor:

2. La habituación es la presentación de un estímulo de forma repetida que no produzca respuesta en el individuo, por lo que la respuesta pasa de ser negativa/neutra a positiva. ¡Esta es la que queremos!

3. La sensibilización es la presentación de un estímulo de forma repetida de manera que cada vez produzca mayor respuesta en el individuo, por lo que pasará de tener una respuesta positiva/neutra a negativa. Por ejemplo, una exposición a petardos de forma descontrolada hará que no haya una habituación, sino una sensibilización y, por tanto, les tendrá miedo.

4. *Conducta social*. Como el propio nombre de la etapa indica, la socialización es el relacionarse de la forma correcta con otros congéneres (u otros seres vivos). Intenta que las primeras experiencias que tenga con otros animales o personas sean positivas y poco a poco ir aumentando el número de congéneres con los que relacionarse en caso de que sea necesario.

5. *Hábitos de eliminación*. Es cierto que los gatitos aprenden muy rápidamente dónde hacer sus necesidades, es casi instintivo en cuanto notan un sitio con arena, y no trae muchos quebraderos de cabeza, simplemente se trata de escoger la bandeja adecuada y el sustrato adecuado. Antes de hablarte del arenero y el sustrato, quiero hacerlo de algunas cosas importantes:

  · No se riñe ni se castiga si no lo hace donde toca, da igual si lo pillas o te lo encuentras al volver a casa; tiene tan poco sentido como si riñéramos a los bebés por hacerse sus necesidades encima. Lo único que vas a conseguir con el castigo es que te tenga miedo, por lo que nada de asustarle, ni castigarle ni física ni verbalmente.

  · No limpies nunca los orines en casa con lejía o amoníaco. Primero, porque el olor es fuerte y puede hacer el efecto contrario: que quieran mear más veces, y segundo, porque, aunque a ti no te lo parezca, sí que huele (para su olfato). Debemos limpiar siempre con detergentes enzimáticos (los encuentras en cualquier supermercado) o, en su defecto, con jabón para la lavadora; esto no solo nos asegurará eliminar la suciedad, sino también los restos orgánicos de la orina.

¿Cómo tiene que ser la bandeja?

- No se coloca en sitios de mucho tránsito, que sea difícil acceder o haya mucho ruido.
- Suelen preferir bandejas descubiertas y bajitas.
- Las medidas deben permitir que se pueda dar la vuelta dentro (una opción grande y que les gusta son las típicas cajas de almacenaje de plástico duro, sin la tapa).
- Hay que cambiarla de vez en cuando ya que el material acaba erosionándose y absorben olores, por lo que podría hacer que no le gustara.
- Nunca se pone cerca del comedero o bebedero.
- En casas multigato el número de bandejas debería ser igual al número de gatos más una. Recuerda que esto es un recurso, por lo que no solo es importante el número, sino que estén distribuidas en diferentes sitios de la casa para evitar conflictos o, si los hay, que no dejen de usar la bandeja.
- Poner dos bandejas una al lado de la otra en casas multigato no tiene mucho sentido, para ellos es como una única bandeja, pero un poco más grande y, además, siguen estando en el mismo sitio.
- Hay opciones cubiertas para evitar que ensucien de arena los alrededores de la bandeja, no es que sean una mala opción directamente, pero el gato debe elegir si le gusta y nunca usarla como primera opción. En caso de que queramos hacer un cambio de este tipo pondremos la bandeja cerrada al lado de la antigua y que sea el gato el que elija y vaya usando, así sabremos si es o no un acierto para él de forma particular.
- La limpieza debe hacerse con agua bien caliente y jabón.

¿Cómo tiene que ser el sustrato (arena)?

El sustrato es uno de los fallos que suele cometerse, y es que a veces hacemos elecciones más por nosotros que por ellos. En el cuadro resumen que tienes a continuación tienes algunas de las características de los tipos de sustrato que se encuentran en el mercado. Pero, antes, algunas recomendaciones:

- Mejor utilizar arenas sin perfumar.
- Les gusta más la arena fina y que aglomere.
- Se tiene que limpiar diariamente (por eso las aglomerantes son más interesantes).
- No debería pasar más de una semana o quince días sin hacer una renovación total.
- Debe haber al menos 3 cm de altura de sustrato.
- Ofrecer un banquete de diferentes sustratos es la mejor forma de saber cuál prefiere.

	SEPIOLITA	BENTONITA	SÍLICE	FIBRAS VEGETALES	PAPEL RECICLADO
absorción	++	++	+++	++	+++
textura	gruesa (tipo gravilla)	fina, arenosa	cristales	varía	gránulo / pellet
aglomeración	baja	alta	baja	moderada	alta
control del olor	bajo	alto	alto	moderado	muy alto
facilidad de limpieza	media	alta	media	alta, biodegradable	moderada
precio	muy barata	moderado	alto	muy alto	muy alto
otros	genera polvo, restos por fuera de la bandeja	genera polvo y restos fuera	es la que menos gusta como norma general		no crea polvo

La más recomendada es la bentonita (también conocida como aglomerante), ya que reúne varias cosas positivas tanto para el gato como para ti. De forma más gráfica y resumida te dejo lo comentado en referencia a la bandeja ideal:

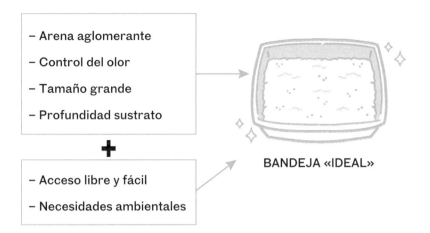

- Arena aglomerante
- Control del olor
- Tamaño grande
- Profundidad sustrato

+

- Acceso libre y fácil
- Necesidades ambientales

BANDEJA «IDEAL»

- *El rascado*. Como he comentado tiene varias funciones, tanto a nivel de comunicación (señal visual y química) como a nivel físico (tonificar musculatura, mantener las uñas en buen estado). En la naturaleza harían todo esto en árboles y estructuras similares, es una necesidad innata y no se debe castigar, pero sí debemos darle la opción de dónde queremos que lo haga, y será en el rascador. Recuerda la importancia de ofrecerle más de una opción y, como siempre, en casas multigato debería de haber varios y en varias zonas de la casa para evitar los conflictos.

¿Cómo elegimos el mejor rascador? Teniendo en cuenta algunos puntos básicos:

1. Material: suelen preferir texturas como cartón, cuerda, moqueta o madera.
2. Estabilidad: si se mueve no lo van a querer usar e incluso algunos gatos podrían asustarse, así que asegúrate de que puedan rascar sin que se mueva.
3. Tipo: aunque hay gatos que prefieren rascadores horizontales, la mayoría prefiere los verticales.
4. Tamaño: como también cumplen la función de estirarse para tonificar la musculatura, el tamaño del rascador debería al menos permitir esto.
5. Ponerlo en una zona donde el gato pase bastante tiempo y le guste estar.

- *Manejo amable y consistente*: uno de los errores frecuentes se da cuando en la familia hay varias personas: cada uno le pide al gato cosas diferentes y, como es normal, este o no sabe qué hacer o hace lo que quiere. Es importante que toméis las decisiones en familia de forma consensuada con las normas del hogar. Vivís en un grupo social en que la base de la relación con el gato debe ser la confianza y no la imposición.
- *Utilización de refuerzos y castigos*: la educación de un gato no se debe basar en la aplicación de castigos para inhibir determinadas conductas, sino en la aplicación de refuerzos positivos de las conductas que nos gustan para potenciar que las repita

4. Juvenil (hasta los 8 meses o más)

En la etapa juvenil vas a tener que seguir trabajando todo lo aprendido y las pautas para no correr el riesgo de que se acaben olvidando. En ocasiones, puede ser una etapa complicada, puesto que ellos también tienen su periodo de adolescencia en el que la educación puede ser un poco más engorrosa. No dudes en pedir ayuda a un profesional que trabaje de forma amable si ves que la situación te supera un poco. Además, en esta etapa suceden cambios importantes, como el celo en muchas hembras y las conductas sexuales en ambos sexos, por lo que puede haber variaciones de comportamiento.

5. Adulta (hasta los 8-9 años)

Es importante que en la etapa adulta sigas proponiendo a tu gato retos, aprendizajes y no caigáis en la monotonía constante. Sus necesidades son varias y diversas, como ya has intuido, y hay muchas formas variadas de cubrirlas para brindarle bienestar. Aunque en esta etapa también pueden surgir cambios de comportamiento, el trabajo e inversión de tiempo en hacer las cosas bien en las etapas anteriores facilitará mucho todos estos años de edad adulta.

6. Sénior (desde los 8 años en adelante)

Esta etapa es algo complicada (o no), ya que pueden darse problemas de salud que afecten a la conducta o que tengamos que hacer ciertas adaptaciones en nuestro día a día para facilitarle la vida. Puede que lleve peor el estar solo, que a veces se le escapen sus necesidades fuera de la bandeja, que tenga días con más ganas de interactuar y otros con menos. Lo más importante es que seas empático y comprensivo.

El vínculo

El vínculo que tienes con tu gato es algo no tangible, pero podríamos definirlo como la unión establecida a partir de la confianza y el entendimiento por ambas partes. El vínculo hace que confíe en ti y que se sienta seguro, y por ende que te haga más caso, porque sabe que no le engañas, que contigo está seguro y que no tiene que tenerte miedo porque no le vas a pegar o reñir sin razón. El vínculo se construye de forma progresiva en el tiempo, pero hay algunas cosas que lo dañan y otras que lo potencian. Debes ser su base segura, ya que un gato en presencia de su base segura ejercita más la exploración, el juego y contacto social y tiene menos miedo y apego.

¿Qué cosas dañan el vínculo?

- los castigos físicos o verbales
- la ausencia de juego y actividades en conjunto
- los engaños
- la incoherencia

¿Qué cosas lo refuerzan?

- hacer actividades juntos que ambas partes disfruten
- establecer una relación basada en el respeto y la confianza
- cubrir sus necesidades físicas y mentales
- dejarle ser gato

Capítulo 12

Lenguaje felino

Si tuviera que enseñarte una única cosa sobre gatos, sin duda sería el lenguaje felino. Tu gato se comunica constantemente contigo, pero a su manera, no a la nuestra. A veces esto nos dificulta tener una buena relación, porque no entendemos lo que nos quiere transmitir.

Siempre digo lo mismo, la mayoría de los accidentes de gatos de forma «no esperada» por sus familias habrían podido evitarse en el caso de tener algunos conocimientos básicos sobre lenguaje felino. El problema es que en la mayoría de los casos el gato llevaba tiempo dando señales y mostrando su incomodidad y estas estaban siendo omitidas por sus familias, así que te hablaré sobre lenguaje corporal y diferentes tipos de señales, y así aprenderás a interpretar qué te quiere decir tu gato. La comunicación felina no es diferente a otro tipo de comunicación desde un marco teórico:

EMISOR ➡ MENSAJE ➡ RECEPTOR

¿Dónde tocar al gato? Es uno de los primeros fallos que se cometen a la hora de interactuar físicamente con ellos. Como norma general la preferencia es en la cabeza y mejillas, y justo en la grupa antes de la cola, aunque, cuidado, porque mucho rato en esta zona puede acabar en un mordisquito. Barriga, patas y cola son sitios descartados y que no les gusta que les toquen como norma general. Recuerda igualmente que cada gato es único y tu obligación es saber cuáles son los gustos del tuyo.

Lo primero que debes saber es que el lenguaje y las señales se tienen que evaluar entre otras cosas con el contexto, es decir, no es lo mismo la misma señal en un gato que en otro y además en situaciones diferentes, el contexto marca la diferencia. Hay cuatro métodos principales de comunicación: visual, olfativa, auditiva y táctil.

Comunicación visual

Lo más básico en el lenguaje felino es la postura corporal. Con esto ya sabremos cuál es la actitud de tu gato ante la situación que se le presenta (recuerda el contexto). Los gatos son mucho más sensibles que nosotros a los movimientos corporales, por eso cometemos muchas incongruencias. Es cierto que es menos acusado que en el caso de los perros y se resume en posturas corporales para aumentar o disminuir la distancia con el objeto, persona o animal.

1. Postura corporal

Postura de saludo: esta postura invita a reducir la distancia y verás que el gato mantiene la cola vertical. Ellos suelen ir más despacio, por lo que interactúan primero rozándote con la nariz, la mano o pierna, lo que tenga más a mano. Un beso «de esquimal» es un saludo habitual en gatos, es decir, dándose un toque en la nariz.

Postura de amenaza ofensiva: la intención que tiene es parecer más grande y se puede dar ligera piloerección en el lomo (cuando se levantan los pelos de la zona del dorso se le llama piloerección). Las orejas están hacia los lados y ligeramente hacia atrás; la cola baja y con la punta hacia el suelo y en ocasiones puede moverse de forma lenta. No es un buen momento de interacción

Postura de amenaza defensiva: es la típica postura del gato de lado haciéndose muy grande y con piloerección en el dorso y en la cola. Normalmente enseña los dientes, tiene las pupilas dilatadas y las orejas plegadas hacia atrás. No es un buen momento de interacción y suele aparecer en situaciones de miedo a las que responden con agresividad.

Postura de miedo: ante una situación de miedo, las dos estrategias principales son huir o enfrentarse y en términos de supervivencia enfrentarse no suele ser la primera opción, así que suelen intentar huir. En este caso, si no puede huir, intentará agazaparse para ha

cerse más pequeño, las pupilas estarán dilatadas (redondas y grandes) y moverá las orejas hacia atrás en la mayoría de las ocasiones.

Postura de juego: aunque puede haber varias señales, una bastante característica es la de ponerse panza arriba en el suelo para invitarte a jugar con él (esto no quiere decir que la barriga sea el sitio indicado para tocarle, de hecho, no lo es).

¿Cómo saber si quiere interactuar contigo?

Para no forzar la interacción y sobre todo si desconoces el lenguaje felino, hay algunas señales que indican que tu gato quiere acercarse a ti para interactuar de forma amistosa y es importante identificar estas señales:

- Parpadea lentamente y de forma relajada.
- Presiona su cuerpo contra la mano como golpeándola.
- Intenta subirse al regazo.
- Se frota o presiona su cabeza contra ti.
- Rueda de forma relajada y queda con la barriga expuesta boca arriba.
- Ronronea, que es el sonido de llamada.

2. Ojos y orejas

La posición de los ojos, principalmente las pupilas, te dan información que evaluarás en función del contexto:

> • Pupilas dilatadas: te indicarán que el gato está asustado, y por tanto que puede tener comportamientos agresivos en ese momento. Esto a veces se da en situaciones de juego.

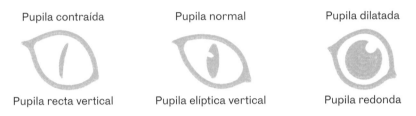

| Pupila contraída | Pupila normal | Pupila dilatada |
| Pupila recta vertical | Pupila elíptica vertical | Pupila redonda |

> • Pupilas contraídas: suele darse básicamente cuando hay mucha luz.

Si las orejas están hacia arriba y en movimiento te indica que está atento y alerta, pero si están hacia atrás o a los lados, como en las ilustraciones de la postura, puede indicar miedo o enfado.

3. Cola

Es una herramienta más que tu gato tiene para comunicarte cosas y te dará también información.

> • Movimientos: la mueve como si fuera un abanico, de lado a lado. Seguramente te está indicando un enfado o algo que no le está gustando, y conforme más rápido la mueva, peor ya que se puede estar preparando para atacar. Si este movimiento es lento y suave indica tranquilidad y quiere llamar tu atención, por ejemplo, para que le toques o interactúes. En el caso de que solo mueva la punta de la cola puede ser una expresión de amenaza.

- La cola rígida puede indicar felicidad si está vertical y con la punta recta; si está entre las patas quiere decir que tiene miedo o está enfadado; si está rígida, pero sacudiendo la punta, manifiesta agresividad.

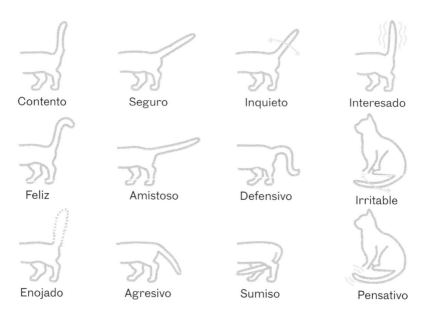

Contento   Seguro   Inquieto   Interesado

Feliz   Amistoso   Defensivo   Irritable

Enojado   Agresivo   Sumiso   Pensativo

Comunicación olfativa y química

En el caso de los gatos este tipo de comunicación tiene especial importancia, aunque para nosotros pase más desapercibida. Tu gato es sensible a los olores y, viva solo o acompañado, está marcando su territorio. Aquí entran en juego los olores y feromonas, y este mensaje que transmiten varía en función del sexo del gato, la edad, el estado reproductivo en el que se encuentre en ese momento y su estado de salud, entre otras características.

Se considera una forma de comunicación indirecta, pues a diferencia del lenguaje corporal, no precisa de que otro gato esté presente para transmitir dicha información (a no ser que hablemos de olores en el saludo, por ejemplo).

¿Cuál es la diferencia entre olores y feromonas? Las feromonas no son percibidas de forma consciente y tampoco se acostumbran a ellas como sí que pasa con los olores que el gato puede llegar a adaptarse para oler y es un acto consciente. Otra diferencia es que el mismo olor puede ser percibido por tu gato y por ti, es decir, especies distintas, mientras que las feromonas solo son percibidas de forma intraespecífica (entre miembros de la misma especie). Las feromonas, al ser captadas de modo no consciente, provocan cambios de conducta innatos e involuntarios.

FEROMONAS	OLORES
No consciente	Consciente
Provocan respuestas innatas	Puede provocar o no cambios de comportamiento
Intraespecífica	Inter e intraespecífica
No volátiles (solo a través de portador)	Volátiles

¿Sabes que los gatos también tienen un gran olfato? Pues es cierto. Reciben la mayor parte de la información a través del olfato y del aparato vomeronasal.

¿Qué vías tienen para llevar a cabo la comunicación olfativa?

- Secreción de olores corporales que son individuales de cada gato y que pueden cambiar en el tiempo.
- Deposición de feromonas en el entorno a través de fluidos como orina, uñas y facial, principalmente en el caso de gatos. ¿Te has fijado que a veces escarban después de hacer sus necesidades? Es para esparcir más las feromonas de la orina y las heces, además de dejar una señal visual del rascado y una señal química por parte de la feromona interdigital.

El órgano vomeronasal, que es por donde se detectan las feromonas, es una estructura neurorreceptora situada en una zona del tabique nasal y que acabará conectando esta información con su sistema nervioso. En ocasiones puedes ver a un gato hacer «tonguing» que consiste en apretar la lengua contra el paladar de forma repetida, y de esta manera llevan las feromonas al órgano vomeronasal.

Podemos encontrar feromonas de diversos tipos, como:

- feromonas apaciguadoras
- feromonas sexuales
- feromonas de alarma
- feromonas territoriales

El marcaje con orina se da normalmente en gatos macho sin castrar y en objetos verticales. La orina sale disparada en forma de aeorosol. Otros gatos inspeccionan esta marca mediante la conducta de flehmen realizada a través del aparato vomeronasal.

El marcaje con las uñas se suele dar en superficies verticales mediante el rascado (por eso tenemos que ponerles rascadores) y no solo es un marcaje físico por el arañazo, sino que las patas anteriores eliminan feromonas (interdigital felina) y es un marcaje usado principalmente para transmitir seguridad en el territorio, por eso lo suelen realizar en zonas donde pasan más tiempo.

El marcaje facial consiste en depositar estas feromonas presentes en partes de la cara y cola a través del contacto; frotan la cabeza contra objetos o personas y tiene el efecto contrario al marcaje con la feromona interdigital felina: produce un efecto calmante.

Hablaré de la importancia de los olores en el siguiente capítulo, puesto que es uno de los pilares del bienestar felino y en muchos casos se pasa por alto.

Comunicación auditiva

Dentro del repertorio de comunicación de los gatos existe también la auditiva. El significado de lo que te quiere comunicar tu gato depende del tipo de sonido y de la posición de la boca para realizar dicho sonido. Los dos más conocidos son el maullido y el ronroneo.

- Maullido: lo usa básicamente para comunicarse con las personas. Es extraño que entre gatos usen este método de comunicación, y habrás podido comprobar que hacen diferentes sonidos en función de si quieren atención, comida, etc., por lo que es una respuesta aprendida.
- Ronroneo: suelen hacerlo cuando se da una situación agradable (lo empiezan a hacer cuando son pequeños y maman), por ejemplo, al interactuar contigo, con otro gato o cuando están descansando. El ronroneo no siempre es positivo, y tu gato te puede estar indicando que tiene dolor o malestar.

Comunicación táctil

Se dispone de menos estudios de los gatos que de otras especies como el perro, y en el caso de la comunicación táctil hay muy poco al respecto. Sabemos que algunas conductas facilitan la comunicación entre gatos y otras especies como:

- el acicalamiento (*allogrooming*)
- el restregarse el uno contra el otro (*allorubing*)
- el saludo con la nariz

Te hablaré de alguna de ellas de forma más ampliada en el capítulo siguiente.

Capítulo 13

Necesidades del gato

En este capítulo te explicaré qué tipos de necesidades precisa tu gato para que tenga una vida acorde a su especie y, sobre todo y lo más importante, bienestar. Hablaremos de las necesidades del gato usando los cinco pilares del bienestar felino según las directrices de la AAFP (American Association of Feline Practitioners) y la ISFM (International Society of Feline Medicine), pero antes es necesario que te explique algunos conceptos básicos y cosas importantes.

Cuando hablamos de necesidades medioambientales del gato, es importante entender que no es algo que se puede hacer o que sea opcional, es algo obligatorio y esencial en la vida de un gato. ¿Por qué? Porque la mayoría de los problemas conductuales en gatos (y, por tanto, falta de bienestar) tienen relación con esto, así que haciéndolo de la forma correcta vamos a prevenir considerablemente todos estos problemas

Al hablar de enriquecimiento ambiental o de modificar el ambiente del gato nos referimos en un lenguaje coloquial a aquellos cambios que se realizan en el ambiente en beneficio del gato; no sirve de nada que pongas una estructura o compres un rascador si realmente ni le beneficia ni le gusta.

Y si mejoramos estos aspectos de sus necesidades medioambientales, ¿qué podemos conseguir?

- Reducir los malos comportamientos.
- Tener un gato más sano y con menos enfermedades.
- Fortalecer el vínculo gato-tutor.
- Reducción del estrés.

¿Cuáles son los cinco pilares del bienestar felino?

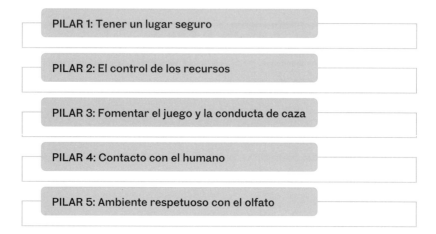

PILAR 1: Tener un lugar seguro

PILAR 2: El control de los recursos

PILAR 3: Fomentar el juego y la conducta de caza

PILAR 4: Contacto con el humano

PILAR 5: Ambiente respetuoso con el olfato

Pilar 1: Tener un lugar seguro

El gato es un cazador solitario y, por tanto, el hecho de disponer de un lugar seguro es vital en la naturaleza, ya sea para descansar sin peligro o para curarse las heridas. Esto, extrapolado al hogar cobra la misma importancia, ya que debe poder disponer de un lugar seguro donde refugiarse cuando lo necesite por el motivo que sea.

Este lugar seguro tiene que estar en un sitio tranquilo, a poder ser en altura, ya que les permite controlar mucho mejor su territorio. Si está bien ubicado y lo ha interiorizado como un lugar de seguridad, también le servirá para relajarse y descansar. Para construirlo de forma fácil te bastará colocar una simple caja de cartón en un sitio tranquilo: le servirá como lugar seguro y además puede subirse encima de la caja y usarlo como pequeño punto en alto.

También puedes usar un transportín como su lugar seguro, de esta manera tendrás un lugar de seguro móvil, que facilitará las experiencias fuera del hogar, como en el veterinario, por ejemplo. El transportín ideal es el clásico de plástico con la puerta de rejilla. En el caso de la consulta veterinaria permite quitar la parte de arriba si el gato no quiere salir y explorarle allí dentro, esto mejora mucho la experiencia y disminuye una parte del estrés que le ocasiona la manipulación y situación en el veterinario. Incluir una pieza de ropa que tenga olor a él dentro del transportín ayuda a que se encuentre más seguro y tranquilo, al ser un sitio reconocido.

Es importante también proporcionarles diferentes plataformas y estanterías (de medidas suficientes como para que pueda estirarse). A los gatos les encantan las alturas, y subir a estructuras elevadas es algo innato para ellos, que no solo no debemos castigar, sino que debemos darles la oportunidad de que lo hagan.

Si es un gato que tiene acceso al exterior, es importante proporcionarle lugares de seguridad también allí, aunque sea un jardín cerrado o patio.

En casas multigato el lugar seguro cobra más importancia aún, debido a que puede haber peleas o conflictos que precisan poder refugiarse. Tiene que haber suficientes lugares de seguridad para todos los gatos, aunque es aconsejable tener alguno extra, que solo quepa un gato en cada lugar de seguridad y que se pueda acceder por diferentes puntos. Si un gato tiene un conflicto con otro, y el lugar de seguridad está en la habitación y solo puede entrar por la puerta (donde está en ese momento uno de los gatos), no va a hacer uso del recurso porque tendrá que pasar obligatoriamente por donde está el otro.

Pilar 2: El control de los recursos

Es importante que el gato de casa tenga múltiples fuentes de recursos bien distribuidas por el hogar. Cuando hablo de recursos me refiero a:

- comederos
- bebederos
- rascadores
- areneros
- área de descanso
- área de ocio/juego

Esto cobra especial importancia si se trata de casas multigato; al igual que con el sitio de seguridad, si solo ofrecemos una opción y hay un conflicto entre los gatos de la casa, hará que alguno de ellos deje de comer, beber o haga sus necesidades en otro sitio (recordemos que por norma general evitarán el conflicto por pura supervivencia). Además, el hecho de que haya pocos recursos hace aumentar la competencia por estos y, por tanto, pueden aparecer conflictos o peleas al no estar garantizado el suministro para todos.

Lo ideal es que un gato tenga siempre una segunda opción del mismo recurso para elegir, pero lo que mejor funciona en el caso de los gatos es la opción banquete. Cuando incorporas un gato en el hogar quizá no conozcas sus gustos, por lo que ofrecer dos areneros diferentes, dos tipos de rascadores y así con los diferentes recursos, te ayudará a saber cuáles son las opciones que le gustan más a él.

En general, las preferencias de los gatos sobre los recursos son:

- Como norma general, como material de comederos y bebederos prefieren el cristal o acero inoxidable.
- Suelen preferir platos bajos para que los bigotes no toquen en el comedero o bebedero.
- Nunca se pone la bandeja sanitaria cerca de la comida y bebida.
- La bandeja sanitaria la prefieren baja y amplia.
- El material tipo yute o alfombra les gusta mucho para rascar.

Los recursos deben estar disponibles en diferentes estancias del hogar y esto incluye el exterior, si es que tienen acceso a él.

En el caso de casas multigato ellos pueden elegir compartir recursos, pero no deben tener la obligación de hacerlo; puede haber varios gatos en el hogar y que estos no sean parte del mismo grupo social y no van a compartir recursos. ¿Qué cosas nos indican que los gatos son parte del mismo grupo social? Hay una serie de comportamientos que demuestran que hay afinidad y, por tanto, son parte del mismo grupo.

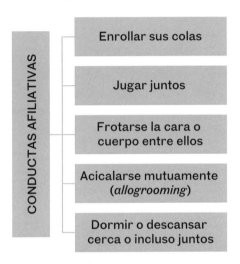

CONDUCTAS AFILIATIVAS

- Enrollar sus colas
- Jugar juntos
- Frotarse la cara o cuerpo entre ellos
- Acicalarse mutuamente (*allogrooming*)
- Dormir o descansar cerca o incluso juntos

Los recursos son una gran fuente de disputas en casas multigato y de problemas en casas donde solo vive uno por la mala elección o distribución de estos. Una frase que me gusta repetir es que es igual de importante el número de recursos como la distribución de estos, y un conflicto entre gatos del hogar también puede ser silencioso (es decir, que no haya peleas ni conductas agresivas), y eso no quiere decir que sea menos importante y que afecte al bienestar y salud de los gatos. Para detectar este conflicto silencioso hay algunos indicativos que nos pueden ayudar:

CONFLICTO SILENCIOSO

El o los gatos del hogar están menos activos, debido, entre otras cosas, a que moverse o dar un paso en falso puede causar una pelea y es algo que no van a buscar intencionadamente. Especial importancia otra vez en el lugar seguro

Si el conflicto viene por tema de recursos, te darás cuenta que solo va a acceder a ellos cuando el otro gato que genera el conflicto no está presente

Pueden aislarse y lo van a hacer dónde haya menor riesgo de conflicto con el otro gato o gatos del hogar

Problemas de salud por causa de ese exceso de estrés no adaptativo (por ejemplo problemas urinarios como la cistitis idiopática, o problemas dérmicos)

Puede haber menos interacción que antes con el tutor si el otro gato está siempre cerca

Pilar 3: Fomentar el juego y la conducta de caza

Ya te habrá quedado suficientemente claro que el gato es un cazador (aunque en muchas ocasiones no consiga capturar a su presa) y que, por tanto, de forma diaria se estimula física y mentalmente para cazar y esto ocupa gran parte de su tiempo. Al tener a tu gato dentro del piso el tiempo que invierte en «cazar» cambia de forma drástica, teniendo en cuenta que su «presa» está puesta en un plato a determinadas horas o incluso durante todo el día, por lo que por su bienestar es necesario replicar estos hábitos tanto de forma autónoma como contigo.

La comida es lo que más te ayudará a replicar la actividad predatoria. ¿Cómo hacerlo?

- Los comederos tipo puzle o temporizador hacen que tenga comida a lo largo del día de forma dosificada en pequeñas tomas.

- Poner comida en diferentes puntos de la casa para que simule la búsqueda de esta, le hará trabajar los sentidos, como el olfato, y también trabaja su sistema cognitivo para llegar a ella.
- Tirarle directamente comida (premios pequeños o si consume pienso) para que vaya cazándolo y comiendo. Es un juego muy divertido para la mayoría de gatos.

¿Por qué es importante jugar con tu gato de forma diaria? Por vuestro vínculo, tener un juego de ambos hace que las experiencias que genera contigo sean positivas y, por tanto, que acabes siendo un punto de confianza, y también porque en gatos *indoor* el juego es la mejor forma de mantener un nivel de actividad física diario, además de replicar esta secuencia de caza.

Un buen juguete son las típicas cañas de pescar con un juguete en la punta. Esto permite hacer toda la secuencia de caza hasta poder cazar el premio. Es importante que los gatos acaben la secuencia de caza, de lo contrario solo generará frustración y malestar por algo constantemente inalcanzable, es decir, no dejarle ganar siempre, pero la mayoría de las veces debería de ser fructífero para él. Jugar con un puntero láser es un error, porque es una forma fácil de hacer que tu gato se mueva sin necesidad de implicarte mucho tú, pero no se completa la secuencia de caza, de modo que al no poder acabar cogiendo una presa genera frustración en el gato, además de que fomentamos que se obsesionen por las sombras y puntos en movimiento. Hay tantos juguetes en el mercado que no recomiendo usar el puntero láser, pero si vas a hacerlo te aconsejo que justo en el momento que va a atrapar el punto, le tires un peluche o juguete para que pueda morderlo y atraparlo, así disminuirás su frustración.

¿Qué tipo de juguetes podemos ofrecerle para estas funciones?

- **Alfombras olfativas o LickyMat:** este tipo de herramientas nos permite darle parte de su ración (si es pienso o lata) de una forma más interactiva. Si usas BARF triturado también puedes usar la LickyMat. En la alfombra pondremos parte del pienso o snacks (lo seco) y la LickyMat se usa para la comida húmeda y alimentos más frescos.

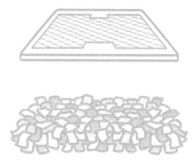

- **Juguetes interactivos:** requieren una interacción más difícil que los anteriores, ya que tu gato debe resolver una tarea para conseguir sacar los premios de allí dentro (darle golpes, hacerla rodar, por ejemplo) y acceder al premio, que es la comida en este caso.

- **Juguetes rellenables:** te permiten meter la comida dentro y tu gato tendrá que sacarla. Pueden ser comerciales, como las pelotas rellenables y sus derivados (los más conocidos actualmente son los Kong).
- **Comederos interactivos:** de hecho, debería ser casi obligatorio el ofrecerle la comida seca en este formato a los que coman este tipo de alimento. Hoy en día existe gran variedad en el mercado.

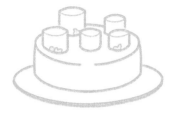

- **Puzles:** la diferencia fundamental con los anteriores es la habilidad que tendrá que tener el gato para mover fichas, tirar de cuerdas, etc. Es una actividad para que la hagáis juntos hasta que sea capaz de resolverlo solo, ya que como implica cierta complejidad puede aparecer la frustración si es demasiado difícil hasta que le coja el truco. En este caso suele ser un juego conjunto, por lo que potencia el vínculo entre vosotros; además de aportarle desarrollo cognitivo a tu gato, hace trabajar la memoria, la creación de técnicas y estrategias para resolverlo, por lo que son aprendizajes que interiorizarán para solventar situaciones también de su día a día.

Lo bueno de este tipo de juguetes interactivos es que se pueden replicar de mil formas y opciones con cosas que tenemos en casa. Yo recomiendo tener algún juguete de este tipo comercial y luego divertirse en casa creando alguna cosa sencilla. Te doy algunas ideas:

- botellas de plástico con agujeros y poner dentro snacks o pienso

- cajas de cartón de cualquier tamaño y meter los premios o comida dentro
- rollitos de cartón de papel higiénico o de cocina y poner dentro snacks o pienso
- poner snacks o premios en los huecos de las hueveras
- enrollar una toalla a modo de rollito e ir dejando snacks dentro mientras vamos enrollándola. Para aumentar la dificultad de este juego se puede hacer un nudo a la toalla

Lo bueno que tiene crear esto es que al final es un juego por una parte conjunto, pero también nos sirve para darlo sin estar nosotros delante (previa supervisión) y que sea resuelto de forma autónoma, lo cual hace que tu gato gane mayor seguridad en sí mismo al verse capaz de resolver problemas. Además, si les dejamos recursos de este tipo cuando no estamos en casa y habiendo trabajado con estos juegos previamente, esa seguridad que gana tu gato le ayudará a prevenir problemas relacionados con la separación.

Por último, quiero recordarte que a los gatos también se les pueden enseñar trucos y habilidades, que esto es un juego y que ayuda a generar vínculo contigo. Hay libros específicos de cómo enseñar trucos a tu gato, y secuencias y pasos distintos según los autores o entrenadores, pero aquí te dejo la secuencia básica de aprendizaje para cuando quieras que aprenda algo.

1. Guía a tu gato para realizar lo que quieres con ayuda de un premio que le aproximarás a la nariz y lo usarás para dirigirle moviendo la mano.
2. Cuando haga la conducta que quieres le das el premio de forma inmediata.
3. Repítelo hasta que tu gato responda a la señal visual/gesto.
4. Introduce la señal verbal justo antes de realizar el gesto.

PALABRA -GESTO- CONDUCTA -PREMIO

- Repítelo y deja unos segundos entre palabra y gesto para darle tiempo a realizar la conducta.

Pilar 4: Contacto con el humano

Aunque a mucha gente le guste decir que los gatos no quieren contacto y son ariscos, estos animales se benefician de las interacciones sociales siempre que sean las correctas. Estas tienen que ser regulares y amistosas, tranquilas, sin forzar esa interacción. Cada gato es un mundo, además de las experiencias previas y genética que haya tenido, el contacto humano también influirá en su carácter individual.[1] Hay gatos que prefieren el contacto esporádico; otros quieren largos ratos de caricias; otros no quieren nada pero se ponen a tu lado. Como norma general los gatos son más de ratos cortos y frecuentes, que les dan seguridad sobre el control de esta interacción contigo.

En casas multigato es importante darle estos momentos a cada gato de forma individual en la medida que podamos, y recuerda los posibles conflictos que pueda haber.

Ten en cuenta también que el tipo y cantidad de interacción puede variar a lo largo del tiempo. Los gatos pequeños necesitan de más interacción y juego y los sénior suelen querer menos, aunque es importante tener en cuenta que al camuflar muy bien la enfermedad, un cambio en el patrón de interacción contigo en comparación con el que suele realizar puede indicar dolo o malestar y, por tanto, si algo cambia no está de más que lo lleves al veterinario.

Por supuesto, hay que evitar los gritos, asustarles y este tipo de actitudes que generan miedo y desconfianza. Si hay niños en el hogar, hay que supervisar estas interacciones y desde bien pequeños enseñar al niño cuándo se puede interactuar con el gato y cuándo no, por la seguridad de ambos. Esto es muy importante, ya que las malas experiencias cuando son gatitos pequeños pueden hacer que no superen esos miedos en el futuro.[2]

Pilar 5: Ambiente respetuoso con su olfato

La información que capta tu gato a través del olfato es tremendamente importante en comparación a lo que captarías tú, y teniendo en cuenta que la mayoría de los gatos son *indoor* y por tanto su territorio es el mismo, todo lo que sea cambio de olores u olores extraños puede poner en riesgo el bienestar. Como te he comentado en la parte de comunicación, hay olores y feromonas, por lo cual captarán mucha información y muy importante.

Los gatos dejan señales tanto de feromonas como olfativas para delimitar su territorio, y marcar sitios de seguridad; todo esto le permite tener mayor control de los recursos y ser más feliz, por lo que nuestra intención debería ser interferir lo mínimo posible con esto para no desestabilizar al gato.

Para no interferir en el día a día es importante que cuando traes mochilas o bolsas de fuera, o incluso tus propios zapatos, estos no entren por toda la casa, ya que vas a traer constantemente olores y sustancias diferentes que, en función del gato, pueden hacer aumentar su estrés al sentirse invadido en su territorio; lo ideal es dejarlos en la entrada de la casa sin afectar a otras estancias. No usar productos de limpieza muy perfumados o tener cuidado con los ambientadores son otras de las cosas que puedes hacer.

Para favorecer que el ambiente sea menos estresante y más amigable, en el mercado encontramos copias sintéticas de feromonas faciales felinas que se usan mediante un enchufe. Para nosotros el olor es prácticamente imperceptible y en casos o situaciones que van a generar un mayor estrés pueden ser de ayuda. No te olvides de la importancia de las áreas de rascado, no solo para que estiren bien los músculos y extremidades y afilen sus uñas, sino porque esto también deja una señal olfativa importante para su bienestar.

Las visitas al veterinario suelen ser lo que más desequilibra los olores en casa; es importante que a la vuelta lavemos el transportín con agua y jabón para eliminar todos los posibles olores. Esto es una situación de conflicto bastante frecuente en una casa multigato, al volver con uno del veterinario se genera un ambiente de tensión que puede durar días en función de la sensibilidad del resto de los gatos del hogar. Por eso recomiendo, si se puede, acudir con los gatos de la casa a que les hagan su respectiva revisión a la vez, de esta manera minimizamos a la vuelta los conflictos que pueda generar el hecho de que uno solo de los gatos traiga olores diferentes.

Recuerda que es importante que todos los miembros de la familia sean conscientes de estos pilares y actúen de la misma forma.

Capítulo 14

Educación básica

Para poder educar a tu gato, es necesario definir antes algunos conceptos sobre el aprendizaje para que sepas cuál es la forma correcta de hacerlo. Antes te he explicado conceptos como la habituación y la sensibilización, para que tengas claro qué es lo que buscamos en esos casos. Vamos a profundizar un poco más ahora que estamos en el tema de refuerzos y castigos.

Condicionamiento operante

El condicionamiento operante es una forma de enseñar con la cual tu gato tendrá más probabilidades de repetir las conductas que conllevarán consecuencias positivas y menos probabilidad de repetir las que tendrán consecuencias negativas. Dentro del condicionamiento operante encontramos:

Refuerzos

Van a hacer que las conductas aparezcan con más frecuencia.

- Positivo: cuando la conducta va seguida de algo agradable para el animal, como snacks, juegos, caricias, palabras. Por ejemplo, si cuando tu gato se tumba le das un trozo de comida, tenderá más a tumbarse para obtener ese premio.

- Negativo: cuando el gato tiene una conducta inadecuada, inmediatamente aparece algo malo o aversivo para el animal.

Castigos

Que harán que las conductas se hagan menos o no se hagan.

- Positivo o activo: cuando el gato realiza una conducta, va seguida de algo desagradable o aversivo para él. El animal tenderá a evitar realizar dicha conducta o realizarla menos.
- Negativo o pasivo: cuando el gato realiza una conducta, algo bueno o agradable para él desaparece. Si estás jugando con tu gato y te muerde la mano, acto seguido paras el juego, es un ejemplo de castigo negativo, ya que en presencia de la conducta (el mordisco) desaparece algo positivo para él (el juego).

	REFUERZO	CASTIGO
POSITIVO	Dar algo bueno al gato para que repita la acción	Dar algo malo al gato para que no repita la acción
NEGATIVO	Cuando el gato hace una conducta, va seguida de la desaparición de algo malo para él	Algo bueno para el gato desaparece cuando realiza la conducta

Entendiendo los conceptos de esta forma de enseñanza, los recomendados para usar son el REFUERZO POSITIVO y el CASTIGO NEGATIVO.

El uso del castigo positivo está muy arraigado en la educación en general, ya que erróneamente pensamos que sabemos aplicarlo, y esto no es cierto; aplicar un castigo de la forma correcta requiere que se den una serie de condiciones todas a la vez y de forma precisa y exacta:

- *Que sea de la intensidad exacta.* ¿Cómo sabrás cuál es la exacta para esa acción en concreto? ¿Cómo sabes que no te has pasado un poco o te has quedado un poco corto?

- *Que no sea señalado.* ¿Cómo puedes reñirle sin que te relacione a ti con esa situación? Imagínate que está arañando el sofá y usas un castigo positivo verbal como puede ser «¡no!». Cuando le pillas, lo que suele suceder es que el gato asocia el castigo a la señal (en este caso tú) y, por tanto, no está aprendiendo nada y cuando tú (la señal) no estés en casa, podrá seguir arañando el sofá porque no va a recibir ningún castigo.
- *Inmediato.* Ni antes ni después, tiene que ser justo en ese momento preciso y concreto. ¿Y cuál es ese momento? Debe terminar justo en el momento en que el animal deja de hacer dicha conducta.
- *Desagradable para el animal*, que no le guste. Este es bastante obvio y relativamente sencillo.
- Más efectivo si va *acompañado de refuerzo positivo*. Esto es obvio y más que entendible.

Como ves, tener todos estos puntos perfectos es prácticamente imposible (por no decir imposible), por eso las probabilidades de aplicarlo de la forma incorrecta son del 99 % y de ahí que no se use el castigo positivo en la educación de tu gato, porque tienes más probabilidades de hacerlo mal que bien. Obviamente, doy por hecho que has entendido que la educación y relación con tu gato no se puede basar en los castigos y riñas, pero quería exponerte un poco los datos oficiales de por qué no. Además, hay que tener en cuenta que el castigo positivo traerá consecuencias para tu gato, y el problema y el hecho de que se siga usando es porque da una falsa percepción de solución al problema y la mayoría de las consecuencias no son medibles a corto plazo (más allá de la comunicación visual que ahora sí sabes interpretar y te darás cuenta de que te dicen que están incómodos) y se apreciarán de forma visible a medio plazo y a largo plazo:

- *Asociación negativa*: esto quiere decir que sin querer va a asociar negativamente algo que no debía. Es decir, hay un ruido muy fuerte de golpe porque se te ha caído algo al suelo y el gato ha asociado ese gran susto a alguien de la casa que en ese momento estaba cerca de él.

- *Indefensión aprendida*: como ve que la comunicación no sirve de nada para hacerte entender que está incómodo con eso que le haces, se autoanula y no hace nada, lo cual es un grave problema, porque puede ser un animal que pase a morder directamente sin avisar. ¿Te imaginas estar tan muerto de miedo por lo que te hacen que no te quieres mover? Pues eso.
- *Efecto señal*: solo lo hace o no en un contexto determinado. Un ejemplo para que lo entiendas mejor: es como si tú sabes que un radar de velocidad está en determinado punto, entonces solo cumples la normativa de velocidad cuando pasas por ahí y luego sigues «portándote mal», yendo a una velocidad superior a la permitida.
- *Deterioro del vínculo*: basar la educación en la imposición y el miedo no genera confianza y, por tanto, no afianza y fomenta el vínculo gato-tutor.

Cómo deben ser las clases con mi gato

Dedicar todos los días, sobre todo al principio, unos minutos a hacer algún tipo de clases de educación con tu gato está muy bien. No solo le mantienes activo mentalmente proponiéndole nuevos retos o reforzando cosas que ya sabe hacer, sino que el hecho de hacer cosas juntos y que supongan experiencias positivas reforzará vuestro vínculo. ¿Y cómo hago estas sesiones de educación?

- Las sesiones deben ser cortas, sobre todo si hablamos de gatitos que tienen una capacidad de concentración de muy pocos minutos. Igualmente, cuando son adultos, es mejor poco y bien que mucho y mal.
- La sesión tiene que comenzar y finalizar con un ejercicio sencillo, bien hecho y positivo para tu gato, de esta manera al finalizarla quedará con un buen sabor de boca.

- Es aconsejable que uses un comando de inicio y uno de final; esto ayuda a focalizar más la concentración de tu gato. Puedes usar las palabras de inicio o final que quieras, aunque creas que al principio le cuesta, acabará entendiendo lo que suponen esas palabras en cuanto establezcáis una continuidad y constancia.

Prevención de problemas

Habituación al transportín

Necesitarás un transportín para un viaje o a modo de caseta y lugar de seguridad. En cualquiera de los casos, deberás hacer una habituación para que tu gato lo vea como algo positivo. Para que se habitúe al transportín puedes seguir los siguientes pasos:

1. Elige el sitio donde poner el transportín; si es en un lugar en el que al gato le gusta estar, sería lo ideal. Recuerda que a los gatos les gustan las alturas.
2. Deja el transportín siempre abierto y deja que investigue. No fuerces la entrada, simplemente deja que se vaya acostumbrando a su presencia. Si tu gato entra a olfatear o mete la cabeza, aprovecha para, de forma relajada, decirle que lo está haciendo muy bien y felicitarle por ello.
3. Cuando ya se ha acostumbrado a la presencia del transportín, deja premios en la entrada y en el interior de este y lo vas felicitando.
4. Una vez ya se sienta cómodo, puedes ponerle dentro una camita, algún juguete y cosas que le resulten agradables.
5. Puedes usar de forma opcional un espray de feromona facial felina sintética y pulverizar un poco dentro; esto ayudará a que lo detecte como algo más positivo.

Seguramente con esto ya lo estará usando como su lugar seguro, así que tienes ya positivizado su refugio portátil. Y como siempre, tómate tu tiempo, siempre experiencias positivas y paciencia.

Introducción de un segundo gato

Tener un segundo gato puede ser una muy buena opción (o no, si para el gato del hogar no lo va a ser), pero lo que siempre debemos hacer es una introducción correcta y nunca de golpe, ya que hacerlo de golpe en muchos casos supone generar conflicto y que los gatos acaben no llevándose bien. Hay varios protocolos y formas de hacerlo, te pongo uno de ejemplo:

1. Introducir directamente al gato nuevo en una habitación donde tendrá todos los recursos que necesita. Podemos poner un difusor de feromonas en casa para ayudar a mejorar el ambiente. El olor del otro gato ya supone una primera toma de contacto.
2. Para facilitar el intercambio de olores, podemos rozar algún trapo o manta suavemente por la cara de cada gato e intercambiar la manta de uno en el territorio del otro. Si va bien, pasamos al paso siguiente.
3. Intercambiar los territorios: el gato que teníamos en casa por la habitación y al gato nuevo le dejamos investigar por la casa. Si en estos intercambios no se muestran signos de malestar ni agresividad, pasamos al contacto visual.
4. El contacto visual se puede hacer de varias formas. Si hemos trabajado positivamente el transportín, ponemos al gato más tranquilo dentro del transportín y colocamos premios ricos alrededor de este (también dentro para el que está). Podemos repetir este ejercicio algunas veces al día siempre que la respuesta sea positiva. Si esto ha ido bien, podemos probar sin protección.
5. Contacto sin barreras. En el caso de que alguno de los gatos muestre una actitud agresiva, miedo o esté muy intranquilo, deberemos retroceder un paso.

Introducción de un perro

Perros y gatos pueden ser buenos amigos, siempre y cuando se hagan las correctas presentaciones. En este caso si es el gato el que viene a casa y es un cachorro aceptará relativamente bien a un perro. En el caso de gatos adultos será más o menos complicado en función de las experiencias que tenga el gato con perros. Antes de la llegada es importante que el gato tenga una zona segura donde no pueda acceder el perro, y que el perro tenga una habitación con sus cosas.

1. Mantener a ambos animales separados; habilitar una habitación para el perro con lo que necesita para que no pueda molestar al gato por toda la casa.
2. Inicialmente no se tienen que ver, solo con el olor del ambiente ya es suficiente.
3. El primer contacto que sea con ambos animales tranquilos.
4. Lo ideal es que sean dos personas para que cada una se ocupe de un animal. La persona que tiene al gato y si este lo tolera puede tenerlo en brazos.
5. Poner la correa al perro para mayor supervisión.
6. Si las actitudes son buenas podemos dejar que el perro se acerque a oler al gato y viceversa. Si el comportamiento sigue calmado hay que ir premiando con refuerzo positivo (premio, caricias).
7. Que inicialmente los contactos sean breves y positivos.
8. Ir alargando los tiempos con supervisión y que siempre sean positivos. Si en algún momento alguno de los animales se pone agresivo o no está cómodo, retrocedemos un paso.
9. Esto puede ser cuestión de pocos días o más, dependerá de los animales.

Salir a pasear

Es un eterno debate el de si sacar o no sacar a pasear a los gatos y la respuesta correcta es... depende. Como norma general y como ahora ya sabes, los gatos son muy territoriales y necesitan tener un control de su territorio y sobre todo de los recursos (espero que después de haber repetido tantas veces la palabra recursos seas consciente de su importancia). Cuando sacamos a un gato a la calle, pierde el absoluto control sobre sus recursos, por lo que en la mayoría de los gatos no resulta una experiencia positiva. Ahora bien, hay gatos muy activos y exploradores que se pueden beneficiar de salidas controladas al exterior; personalmente, si el gato disfruta, a mí me parece genial.

Lo ideal como material es utilizar un arnés y una correa larga, y el sitio de elección es que te lo lleves a zonas de campo tranquilas, donde pueda tener cierta libertad con una correa larga, pero minimizar tanto el riesgo de encontrarse a otros animales y personas, como la cantidad de estímulos que hay en la calle (coches, ruidos...).

Tienes que empezar positivizando el arnés, y para esto vas a usar refuerzos positivos verbales o con comida cada pequeño paso.

1. Premiamos la presencia del arnés sin ponerlo (unos días).
2. Premiamos que el arnés le toque (unos días).
3. Probamos a meter una patita y luego otra (unos días).
4. Probamos a ponerlo completamente.
5. Le hacemos moverse y jugar con el arnés puesto (unos días).
6. Cuando todo esto esté superado, es el momento de ir haciendo pasos para salir al exterior.

Normas del juego

Hay veces que cuando dos gatos juegan puede resultar algo escandaloso y no saber si la situación se está saliendo de control. En este libro tienes información sobre lenguaje felino para poder detectarlo, pero además hay dos características que te indican una diferencia entre juego y agresividad. Si es agresividad, habrá vocalizaciones por uno o ambos (aunque alguna vez se puede dar en el juego también); es importante que observes su cuerpo y lo que dice.

Otro error que se comete en el caso de juego con las personas es usar las manos o los pies para jugar con el gato. Cuando es pequeño puede tener gracia, pero cuando es adulto puede hacerte verdadero daño. No, no se juega con las manos y los gatos.

Capítulo 15

Emociones y problemas emocionales

Aún queda gente en este mundo que piensa que los gatos no tienen emociones. Sí que las tienen y la ciencia cada vez avanza más en este tema descubriéndonos cosas fascinantes.

Las emociones

Las emociones son el conjunto de respuestas químicas y neuronales que produce el cerebro con el objetivo de promover los estados fisiológicos que aseguran la supervivencia. Es una respuesta involuntaria e individualizada, y las emociones no se refuerzan. Para explicarlo de manera científica, las emociones funcionan por sistemas, y están los sistemas de emociones positivas y los sistemas de emociones negativas.

- Emociones positivas:
    - sistema de búsqueda, deseo
    - sistema de juego social
    - sistema de deseo sexual
    - sistema de cuidado

- Emociones negativas:
    - sistema de duelo, pánico
    - sistema de frustración
    - sistema de miedo/fobia
    - sistema de dolor

Todos estos sistemas emocionales son estimulados o inhibidos por diversos neurotransmisores, y son diferentes áreas cerebrales las que se encargan de ellos, pero tampoco te quiero aburrir con tanto tecnicismo. Lo que es importante que entiendas es que detrás de una conducta hay una emoción o emociones, y que debemos intentar descubrir cuáles son para saber si en ese contexto es normal o no y si la respuesta es desproporcionada. Hay muchísimas conductas innatas que nosotros como humanos nos empeñamos en corregir o cambiar y es un error.

Miedo y ansiedad

El miedo y la ansiedad son emociones que están implicadas en muchos problemas de comportamiento del gato. Son de las que más les afectan, y algunas, como la sensibilidad a ruidos, de forma bastante elevada.

El miedo es una respuesta emocional normal ante un estímulo que el gato detecta como amenaza. Tener miedo ante ciertas cosas es necesario y forma parte de la supervivencia como especie donde están implicados mecanismos fisiológicos, emocionales y conductuales. En el caso de que el animal no pueda tomar el control de la situación, este miedo puede convertirse en ansiedad.

Las estrategias que puede usar un gato para resolver la situación son la huida, el ataque, quedarse inmóvil o desarrollar señales corporales de conflicto/apaciguamiento.

Hablamos de ansiedad definiéndola como la anticipación a un peligro o amenaza (la fuente puede ser o no detectable).

Los principales signos físicos del miedo en gatos son:

- orejas hacia atrás
- temblores
- dilatación de las pupilas
- vigilancia, tensión
- se esconde
- activación
- reducción del apetito
- piloerección (se les eriza como una cresta el pelo del lomo)
- aumenta la frecuencia cardíaca y respiratoria
- eliminación (orina y heces)
- vómitos
- jadeo
- agitación

Problemas de miedo en el gato:
- miedo social
  - miedo a personas de la familia
  - miedo a personas desconocidas
  - miedo a otros gatos

- miedo a otros animales
- aislamiento social
- miedo no social
  - miedo a cambios en el territorio
  - miedo a lugares concretos
  - miedo a ruidos
  - miedo a objetos concretos/desconocidos
- trastorno de ansiedad generalizado
- otros trastornos de ansiedad (relacionados con la separación, por ejemplo)

Hay que tener en cuenta que en muchos gatos los comportamientos agresivos vienen por el miedo, es decir, su problema no es que sean agresivos, sino que presentan miedo a algo y su forma de afrontarlo es mediante las conductas agresivas, por eso es importante trabajar los problemas de conducta con el especialista.

Prevención del miedo:
1. adecuada socialización
2. no hacer destete precoz
3. buenos cuidados maternales al cachorro
4. educación de los tutores para detectar señales
5. exponer al gato a diferentes ruidos de forma progresiva en edades tempranas
6. proporcionar enriquecimiento ambiental y ejercicio físico regular
7. contacto regular de intensidad moderada a diferentes estímulos

Micción inadecuada

Nos referimos a hacer sus necesidades fuera de la bandeja. Es uno de los problemas de conducta sobre los que más se solicita ayuda y uno de los principales problemas de conducta que generan abandono. Es esencial que el gatito en su periodo de socialización tenga diferentes bandejas con las que encontrarse cómodo con alguna, ya que esa etapa genera una fijación por el sustrato donde hacer sus necesidades, por lo que si lo genera en un sitio incorrecto, luego costará más de trabajar esto.

Este problema puede venir dado por varios motivos:

- causas médicas (diabetes, enfermedad renal, cistitis, artritis, demencia...)
- causas en los recursos: tipo de bandeja, tipo de sustrato, si se ha hecho algún cambio con esto
- causas en el entorno: mudanzas, obras en la calle, más ruido del habitual, cambios de horarios de rutinas...
- marcaje

No es algo que puedas prevenir si las causas son médicas o por factores externos que no puedes controlar, pero sí quería que tuvieras conocimiento y aprovechar para explicarte la diferencia entre la micción y el marcaje con una ilustración, ya que para los diagnósticos posibles es importante saber la diferencia:

MARCAJE CON ORINA EN GATOS

Charco de orina

Orina en espray

Rascado inadecuado

El rascado es una necesidad innata de los gatos, pero a veces puede pasar que por varios motivos (suelen estar relacionados con el tipo de rascador, el sitio, si hay más gatos, etc.) rasquen en superficies donde no queremos que lo hagan. Lo indicado es acudir al especialista para que haga un diagnóstico, pero algunos consejos al respecto son:

1. lavar la superficie u objeto con agua caliente para eliminar el mayor rastro de feromonas
2. cubrirlo con un plástico o sábana
3. impedir el acceso a la habitación o estancia (al menos inicialmente)
4. usar spray de feromona facial sintética felina donde no queremos que arañe
5. asegurarnos de que los consejos sobre el rascador están bien cubiertos
6. usar una copia sintética de la feromona interdigital felina donde sí queremos que rasque (en el rascador en este caso)

El estrés

Seguro que conoces la palabra estrés, pero ¿qué es realmente? Es una reacción fisiológica, mental y de comportamiento que permite al organismo enfrentarse a una determinada situación que lo está apartando de su estado ideal de equilibrio y bienestar. Por lo cual vemos que, *a priori* no es que sea bueno, pero tampoco es malo. Cuando un león está cazando una cebra ambas especies están en una situación estresante, pero para una es una amenaza, y para la otra es un momento de demanda de autoexigencia. Así que el problema en sí no es el estrés, ya que este es una respuesta adaptativa. ¿Cuándo empieza este estrés a tener consecuencias negativas para el organismo? Pues de forma resumida podríamos decir que cuando se vuelve crónico, es decir, cuando esa situación estresante puntual y que era necesaria se mantiene en el tiempo, y ahí es cuando empiezan los problemas derivados del estrés. Los gatos como norma general son bastante sensibles al estrés.

Ahora es necesario que sepas qué indicadores te dicen: «¡Cuidado! Tu gato puede estar estresado».

Indicadores de estrés agudo más frecuentes en el gato:

- orinar y defecar
- cuerpo tenso
- bigotes en posición caída y contra las mejillas
- come mucho y/o muy rápido
- cambios en la actividad (puede aumentar o disminuir)
- cola pegada al cuerpo
- ojos muy abiertos, pupilas dilatadas
- autoacicalamiento excesivo
- hipersalivación
- agresividad
- lamido de nariz
- se agacha en el suelo y se queda quieto
- temblores
- maullido excesivo
- conductas repetitivas

Indicadores de estrés crónico más frecuentes en el gato:

- reduce el repertorio habitual de comportamientos
- se reduce la conducta exploratoria
- se altera el comportamiento social y hay aumento de la agresividad
- se altera el patrón sueño y vigilia
- alteración en el comportamiento alimentario
- aparición de comportamientos repetitivos y estereotipias (esto muy importante).

En casos agudos de estrés, revisar el estilo de vida que lleva el gato y comprobar si tiene sus necesidades correctamente cubiertas. La ayuda de feromonas es de mucha utilidad.

Capítulo 16

Mitos de la educación felina

Los gatos son ariscos

1 Es importante no caer en estos mitos, ya que en la mayoría de los casos vienen ocasionados porque no se sabe interpretar el lenguaje y, como es normal, el animal se cansa. Al igual que pasa con las personas, cada gato es un mundo y le gustarán más o menos las caricias o el contacto.

Siempre dos gatos mejor que uno

2 No, no siempre, y muchas veces se comete el error de sentirse obligados a tener otro gato para hacerle compañía y empeoramos la calidad de vida del que está en casa. Si son de la misma camada o se introducen gatitos a la vez suele haber una mejor relación. Si tenemos un gato adulto, desconfiado, relativamente miedoso o inseguro, un segundo gato quizá no sea la mejor opción. Lo ideal es valorar esto en una consulta con un veterinario especialista en medicina del comportamiento. Si se llevan bien, pueden pasarlo en grande, pero no siempre es así. Para facilitar esto es importante la introducción correcta.

Te traen presas para alimentarte

3

Si tu gato tiene acceso al exterior, quizá alguna vez te haya traído alguna presa. En la mayoría de las ocasiones esto se debe simplemente al deseo de traer la presa a un lugar seguro, como es el hogar; otras, puede indicar juego, y algunas hipótesis apuntan a que te trae alimento. En cualquier caso, no conlleva normalmente un significado negativo, aunque pueda ser desagradable para ti. Si no hay acceso al exterior o le potenciamos bien en casa la caza, esto se reducirá.

Hace caca fuera de la bandeja por venganza

4

Los gatos no tienen esa moralidad del bien y el mal. Si un gato hace caca fuera del arenero es por algo conductual o físico, por lo que en ambos casos deberás acudir a tu veterinario para evaluar el estado de salud física, o al veterinario especialista en medicina del comportamiento para evaluar todo lo demás.

Espray de agua para enseñar

5

Hay gente que usa un pulverizador de agua para echarle al gato cuando hace algo mal. Los castigos no son la mejor forma de educar a tu gato, pero es que además en este caso suelen ser conductas innatas, como el rascado, subirse a la mesa, etc. Y no, no sirve de nada, puesto que no está entendiendo qué puede o no puede hacer, además de que como lo estás aplicando de forma presente, esa acción se seguirá llevando a cabo cuando no estés. Recuerda que lo que ves es una consecuencia, hay que buscar la causa.

Cogerles de la piel del cuello les relaja

6

Coger a un gato adulto del cuello (conocido comúnmente como clipnosis) no le relaja y no tiene ningún sentido. Si bien es cierto que la madre transporta a sus crías así, es un reflejo que solo presentan los gatitos las primeras semanas de vida. Pasado este tiempo el momento en que cogen a un gato de esa zona suele ser por monta o por un depredador, por lo que usar esta técnica supone miedo y estrés. Justificar ciertas cosas en un gato adulto con el hecho de que «su madre lo hace así» tiene el mismo sentido que preguntarte por qué tu madre o tu padre no te cambia los pañales actualmente si antes sí lo hacía. La respuesta es clara. Eres adulto y las cosas cambian; pues con muchos aspectos de los animales también.

El puntero láser es un buen juguete

7

No lo es. El puntero láser genera frustración en el gato, ya que es incapaz de completar toda la secuencia de caza al no poder capturar la presa. Si vas a usarlo, lo ideal para paliar esto es tirarle un peluche o juguete que pueda cazar y morder en cuanto va a cazar el punto.

Hay que ponerle un cascabel

8

No solo no hay que ponérselo, sino que tener el sonido de un cascabel constantemente cerca del oído (teniendo en cuenta que oyen mejor que nosotros) es molesto y produce malestar y estrés. Además, en el caso de que sea un gato con acceso al exterior, sí vas a proteger a otras especies, pero también vas a ponerle en peligro a él si tiene que escapar sigilosamente de algún sitio.

Ronronean solo por placer

9
El ronroneo indica placer y bienestar, que están cómodos, pero también puede deberse a dolor o enfermedad, así que no te fíes de pensar que siempre te está indicando algo positivo, ya que te podría estar dando una pista para ir al veterinario.

A los gatos no se les pueden enseñar trucos

10
Te sorprendería la cantidad de gatos que te harían más trucos y habilidades que un perro, simplemente es una cuestión de paciencia y que, en función del gato, le apetezca más o menos, pero si lo haces divertido y que resulte positivo para él, sin duda aprenderá.

Conclusión

Como habrás comprobado por el contenido del libro, el mundo del gato es tremendamente amplio y con muchas cosas que explicar. Me hubiera encantado ampliar algunos temas de forma más detallada, pero mi intención, con este manual, era clara: una guía básica (que no existía, o por lo menos que yo no conocía) que contuviera conceptos que toda persona que comparta su vida con un gato debería saber (por supuesto, hay más) y, sobre todo, que no se hiciera pesada ni difícil de entender.

A partir de aquí, si sientes más curiosidad sabes que puedes encontrarme en mis redes sociales. También te invito a buscar más información o a ampliarla de forma más detallada si algún tema te ha parecido interesante.

Hay muchos temas que parecen fáciles en el papel y que luego pueden no serlo tanto, y no me gusta romantizar el hecho de tener un gato (aunque sea algo maravilloso), porque pecamos de no sopesar bien la decisión que tomamos al incorporarlos a la familia.

Déjame decirte que muchas veces no será un camino fácil, ni sabrás cómo actuar ni si lo estás haciendo bien, te juzgarán por lo que haces o no haces con tu gato, te darán consejos que no has pedido (todo el mundo dice saber de todo más que tú y que los profesionales del sector) y sí, va a condicionar tu vida en muchos aspectos: cambiarás unos planes por otros, contarás las horas que estás fuera de casa si no te lo puedes llevar, hay muchos gastos y a veces imprevistos a los que hay que hacer frente, si está enfermo te preocuparás... No es un capricho, es un ser vivo que tendrás durante muchos años. Eso no quiere decir que todo sea malo ni mucho menos, pero prefiero pecar de un exceso de responsabilidad con este mensaje, ya que en nuestro país se registran unas tasas de abandono animal demasiado elevadas.

Si estás seguro de la decisión convivirás con un ser vivo que te recibirá cuando llegas a casa; te hará compañía sin necesidad de decirte palabras; te sacará de un mal día con una trastada, un juego o simplemente estando ahí; te ayudará a desperezarte y a moverte más, lo que también influye en tu felicidad; con una carita te tendrá robado el corazón, y para él serás su referente y un pilar basado en la confianza, seguridad y cariño. Os enfadaréis como hace cualquier grupo social, y de hecho forma parte de la unión, pero que estos enfados no perduren, porque no tiene sentido ni educativo ni moral.

Os deseo el mejor de los caminos juntos y no me cabe duda de que solo con el hecho de que tengas este libro entre tus manos ya sé que eres una persona implicada con su bienestar. Lo harás bien. Confío en ti.

Tú y yo hemos establecido un vínculo gracias a estas páginas. ¿Y sabes quién ha sido el artífice de ello? Tu gato.

Notas

Capítulo 0
1. https://www.avepa.org/articulos/evolucion.html

Capítulo 1
1. Gunn-Moore D, Moffat K, Christie LA, Head E (2007). Cognitive dysfunction and the neurobiology of ageing in cats. J Small Anim Pract. 48, 546-553.
2. Landsberg, GM, Denenberg S y Araujo JA (2010). Cognitive dysfunction in cats: a syndrome we used to dismiss as 'old age'. J Feline Med Surg. 11, 837-848.

Capítulo 2
1. https://wsava.org/wp-content/uploads/2020/01/WSAVA-vaccination-guidelines-2015-Spanish.pdf
2. Gawor J, Jank M, Jodkowska K *et al.* (2018). Effects of Edible Treats Containing *Ascophyllum nodosum* on the Oral Health of Dogs: A Double-Blind, Randomized, Placebo-Controlled Single-Center Study. Frontiers in veterinary science, 5, 168. https://doi.org/10.3389/fvets.2018.00168
3. Marx FR, Machado GS, Pezzali JG *et al.* (2016). Raw beef bones as chewing items to reduce dental calculus in Beagle dogs. Australian veterinary journal, 94(1-2), 18-23. https://doi.org/10.1111/avj.12394
4. Pinto C, Lehr W, Pignone VN *et al.* (2020). Evaluation of teeth injuries in Beagle dogs caused by autoclaved beef bones used as a chewing item to remove dental calculus. PloS one, 15(2), e0228146. https://doi.org/10.1371/journal.pone.0228146

5. Lage A, Lausen N, Tracy R y Allred E (1990). Effect of chewing rawhide and cereal biscuit on removal of dental calculus in dogs. Journal of the American Veterinary Medical Association, 197(2), 213-219.

6. https://gemca.org/wordpress/el-efecto-de-la-gonadectomia-so-bre-la-conducta-en-la-especie-canina-y-felina/

7. Evangelista MC, Watanabe R, Leung V *et al.* (2019). Facial expressions of pain in cats: the development and validation of a Feline Grimace Scale. Scientific reports, 9(1), 19128. https://doi.org/10.1038/s41598-019-55693-8

8. https://www.felinegrimacescale.com

Capítulo 5

1. Plantinga EA, Bosch G y Hendriks WH (2011). Estimation of the dietary nutrient profile of free-roaming feral cats: possible implications for nutrition of domestic cats. British Journal of Nutrition, Vol. 106, Issue S1, 12 de octubre de 2011, S35-S48.

2. https://petobesityprevention.org/

Capítulo 6

1. Leung MC, Díaz-Llano G y Smith TK (2006). Mycotoxins in pet food: a review on worldwide prevalence and preventative strategies. Journal of agricultural and food chemistry, 54(26), 9623-9635. https://doi.org/10.1021/jf062363+

Capítulo 7

1. Stogdale L (2019). One veterinarian's experience with owners who are feeding raw meat to their pets. The Canadian veterinary journal = La revue veterinaire canadienne, 60(6), 655-658.

2. Paasikangas A, Beasely S, Palmunen M *et al.* Diet at young age and canine atopy/allergy (type).

3. Hang I, Rinttila T, Zentek J *et al.* (2012). Effect of high contents of dietary animal-derived protein or carbohydrates on canine faecal microbiota. BMC Vet Res 8, 90. https://doi.org/10.1186/1746-6148-8-90

4. Sandri M, Dal Monego S, Conte G *et al.* (2016). Raw meat based diet influences faecal microbiome and end products of fermentation in healthy dogs. BMC Vet Res 13, 65 (2016). https://doi.org/10.1186/s12917-017-0981-z

5. https://ccah.sf.ucdavis.edu/sites/g/files/dgvnsk4586/files/inline-files/role-of-diet-feline-health-Glasgow_0.pdf

6. Phungviwatnikul T, Valentine H, de Godoy M, Swanson KS (2020). Effects of diet on body weight, body composition, metabolic status, and physical activity levels of adult female dogs after spay surgery, Journal of Animal Science, Vol. 98, Issue 3, marzo de 2020, skaa057, https://doi.org/10.1093/jas/skaa057

7. Costa-Santos K, Damasceno K, Portela RD *et al.* (2019). Perfiles lipídicos y metabólicos en perras con carcinoma mamario que reciben suplementos dietéticos de aceite de pescado. BMC Vet Res 15, 401. https://doi.org/10.1186/s12917-019-2151-y

8. Palaseweenun P, Hagen-Plantinga EA, Schonewille JT *et al.* (2021). Urinary excretion of advanced glycation end products in dogs and cats. Journal of animal physiology and animal nutrition, 105(1), 149-156. https://doi.org/10.1111/jpn.13347

9. McCance D, Dyer D, Dunn J *et al.* (1993). Maillard reaction products and their relation to complications in insulin-dependant diabetes mellitus. J Clin Invest 91 (6): 2470-2478.

10. Vlassara H, Fuh H, Makita Z *et al.* (1992). Exogenous advanced glycosylation end products induce complex vascular dysfunction in normal animals: a model for diabetic and aging complications. Proc Nat Acad Sci USA 89 (24): 12043-12047.

11. Vitek M, Bhattacharya K, Glendening JM *et al.* (1994). Advanced glycation end products contribute to amyloidosis in Alzheimer disease. Proc Natl Acad Sci USA 91 (11): 4766-4770.

Capítulo 13

1. Halls SL, Bradshaw JWS y Robinson IH (2001). Object play in adult domestic cats: the roles of habituation and disinhibition. Appl Anim Behav Sci 2001; 79: 263-271.

2. McMillan FD (2002). Commentary: Development of a mental wellness program for animals. J Am Vet Med Assoc 2002; 220: 965-972.